中国リスクと日本経済

石山嘉英

日本経済評論社

はじめに

いま、中国経済はどうなっているのだろうか。また、どこへ向かおうとしているのだろうか。この問いは数年前から私の頭を離れないが、多くの人がこの問いを反芻しているようだ。その立場がどうであれ、誰もが中国から目を離せなくなっているのが現在である。ここ数年はとくに変化がはやくなっているのでなおさらである。

近年、中国への関心が異常なほど高まっているのには理由がある。世界経済への中国の影響が飛躍的に大きくなったし、日本経済の帰趨が中国の動向に大きく左右されるようになったからである。日本としては、中国経済の成長力の取りこみに知恵をしぼる必要があるが、同時に中国リスク（とくに住宅・不動産バブルの崩壊）にも備えねばならない。

根本的には、「中国とは何か」ということが問題である。この問いに答えるべく、多くの書物や論文が出回っている。私はそのすべてに目を通したわけではないが、かなりのものは読んだ。参考となるものは少なくない。

しかし、いろいろ読んでみて、なにか満たされないものが残ったことも事実である。そこで、私も一冊の中国経済論を出してみたいという気持ちになった。あらためて、中国経済の全体像を描いてみたいと思った。

直近をとると、中国文献のレベルはぐんぐん上がっている。たとえば、経済産業省勤務を経て現在、東亜キャピタル㈱の社長をつとめておられる津上俊哉氏の『岐路に立つ中国』（日本経済新聞出版社、二〇一一年）と『中国台頭の終焉』（同、二〇一三年）などはすばらしい書物である。ジャーナリストの仕事としては、吉岡桂子氏の『愛国経済』（朝日新聞出版、二〇〇八年）がある。これらお二方は年季の入った中国体験をもっておられる。

そこで私も、中国へ行って自分の目でたしかめるしかないと考えた。幸いにも、私の勤務先の大学には在外研究の制度があり、二〇一〇年一〇月から二〇一一年三月までの半年という短期間ではあったが、北京大学の客員研究員として中国経済を間近に見る機会があった。

北京という街の匂いをかぎ、空気を吸った。半年はあまりにも短いが、それでも体験は体験である。

北京滞在中は、毎日、新聞を読みテレビニュースを見ることになる。北京大学の教授たちと語り合うこともあった。また、街を歩いてふつうの人と会話を交わす機会もあった。「ふつうの人」とは、街角で焼餅や包子を売っている気さくなおばさんのような人である。初歩の中国語会話を教えてくれた女性とは、中国の若者たちの現状について話し合うことができた。日本では読めなかった中国語の文献を読むこともできた。

このように中国を体感する中で、私は三つの結論にたどり着いたように思う。それは次のようなものである。

第一に、「中国という国、中国の経済は他の国とはあまりにも異質であり、その高成長は世界から歓迎されていない」。中国は市場経済であるという説はフィクションであり、じっさいには経済のほとんどは共産党と政府官僚によってすみずみまでコントロールされている。共産党幹部を中心とする特権階級がすでに根を張っており、経済制度も政策も彼らの権益を侵すことは許されない。国有大企業の経営幹部はこの〝権益共同体〟のメンバーであるが、党、政府の幹部とは一体である。とにかく、カネと権力が癒着しているので手がつけられない。気分は財大気粗（金持ちになると横暴になる）である。そして、一般労働者は低賃金のもとで搾取されている。

特権階級とは、壮麗な豪邸に住み、召使いに囲まれ、高級ワインを飲み、外車を乗り回し、子弟を欧米に留学させ……というような人々である。

この特権階級は、その権益を守るため、国内的には権威主義的独裁政権を形成し、民主化を抑圧しており、また対外的には世界第二の経済大国として、尊大な振る舞いが多くなってきている。中国にはカネと市場があるので、中国との関係を密にしようとする国は多いが、同時に理想なき大国化・強国化の路線を突き進むいまの中国への警戒感と違和感も高まっている。

第二に、党と官僚の企業への干渉、統制が強いのに中国経済が高成長するのはなぜかという問いがある。ふつう、統制経済といえば非効率でムダが多いはずであり、高成長とはならないはずである。この問いに対しては、「中国には中国なりの競争があり、統制と競争が巧妙に組み合わされている」と答えたい。

中国にも私営企業間の競争はあり、これまで私営企業の活動領域が広がってきたことは高成長のひとつの理由である。だがそれ以上に、すべての地方政府があたかも企業のように行動しており、地元のGDPの拡大を競っている。その主な手段はインフラ投資であり、資金は潤沢である。加えて、政府の保護下にある国有企業も潤沢な資金をもち、設備投資を採算度外視でやっている。さらに加えて、住宅・不動産市場のバブルが膨らみ、二〇一二年からゆるやかに崩れ始めている。しかし、これらの固定資本投資はやはり非効率であり、近い将来、大幅に減速するだろう。バブルの崩壊も間近に迫っているように思われる。要するに中国経済の不安定性が強まっているのである。

第三に、「これまでの高成長にもかかわらず、一般の中国国民の生活は依然として貧しいままである」。国連基準である一人一日一・二五ドルという収入を貧困ラインとすると、これ以下で暮らしている貧困者はまだ二億五〇〇〇万人もいる。そこまでは貧しくなくとも、一般庶民の生活は貧しくきびしい。貧困者がなかなか減らない一方で「富人」の数は相当に増えている。ひとことで言えば、大多数の人を低賃金、低収入で働かせるメカニズムがあるからこそ、高成長が続き、一部少数の人が富裕になっているのである。これでは社会が不安定化し、国民の不満が鬱積するのは当たり前だろう。

以下では、私なりに体感した中国経済の現状と行く末について述べていきたい。現在の中国が直面している問題はやはり深刻であり、経済の構造改革、成長モデルの転換、社会の改革、ひいては政治の改革は先送りが許されなくなっている。真の改革が進めば、経済成長率は短期的には下がり、長期的には上がるだろうが、中国の一般国民の幸福度は確実に上がるだろう。しかし、改革が進まず、これまでの歪んだ高成長が続いてしまう可能性もある。「中国はどこへ行くのか」――この問いに対する答えを見つけたいと思うのである。

本書の構成は次のようになっている。

第1章は、「中国とは何か」、「中国経済とは何か」という根本問題に答えようとしている。たった一章でこの大問題に答えようとするのは乱暴であるが、あえてこの課題にチャレンジしてみた。その際、中国の近現代史の復習は欠かせないだろう。

第2章は、いわゆるマクロ経済分析である。最近数年の動きを分析しており、これを読めば経済の現状がわかるようになっている。二〇〇八年末から二〇一〇年秋まで、中国は世界最大の財政・金融の拡大をやってのけた。その結果、成長率はほとんど凹まなかったが、インフレと住宅・不動産バブルが激しくなった。二〇一一年以降の中国は、インフレとバブルの後始末で苦労している。そこを明らかにしてみたい。

第3章は、住宅・不動産市場の構造とバブルの成長のメカニズムを論じている。バブルの崩壊はそう遠くない将来におこるはずであるが、激しく一気に崩壊するのか、それとも長い時間をかけてすこしずつ調整が進むのか、そこを考える必要がある。

第4章は、中国の国民生活、とくに一般労働者の生活の実態と貧困を論じている。社会がどこまで不安定になっているのかについての考察ははずせない。

第5章は、企業制度と産業発展のメカニズムを取り上げている。この観点からも、高成長がいつまで持続するのかを占うことができるだろう。

第6章は、世界の人が現在の中国をどう見ているか、また中国の人が世界の中で中国をどう位置づけているかを論じている。

最後の第7章は、日本という国がこのすぐ隣にいる、つき合いづらい超大国とどうつき合っていけばいいだろうかという問題を考えている。中国の存在からプラスを取りこむ方法はあるだろう。

念のためお断りしておくと、私は親中でもなく反中でもない。すこしではあるが、中国には友人もいる。しかし、中国を知れば知るほど、私の中では中国への親しみの感情がうすれてきたことも事実である。そこで本書のトーンはかなり辛口とならざるをえなかった。中国人は、神経過敏なところもあるが、アバウトなところもある。中国の方々には、辛口な私の言い分を、「なるほど、中国に良くなってもらいたいと思っているからきびしいアドバイスになるのだな」と、大らかに受けとめてもらいたいと考えている。

本書の出版においては、私の勤務先である千葉商科大学から出版助成金をいただくことができた。また、日本経済評論社の鴇田祐一氏からアドバイスを受けることができた。ここに記して感謝しておきたい。

二〇一三年七月

石山嘉英

中国リスクと日本経済＝目次

第1章　中国とは何か

国土は世界第三位、人口は世界最大

本書は、中国経済の本質に迫ろうとするものである。とくに、中国がいかに世界の常識からかけ離れた異質の国であるかを述べていくつもりである。

しかし、現在の中国経済をつかもうとすると、どうしても中国の近現代史を踏まえる必要があると思う。とくに清朝の歴史はいまの中国に尾を引いている。もちろん、どの国の経済も歴史の中から現れており、その現在を理解するには多少の歴史的考察は必要だろう。しかし、中国経済はあまりにも特異、異質である。政治は専制的である。それは、公式的には「社会主義市場経済」と言われているが、この表現からして謎めいている。それは現実と大きく違うのではないだろうか。このモヤモヤをすっきりさせるため、中国については近現代史がとくに重要であり、話をそこから始めることが必要だろう。

中国とは何か——。経済を論じる前に、この問いに答えておく必要がある。

しかし、ひと口で答えることは不可能であろう。中国の国土は広大であるし、たくさんの民族がいるし、歴史は悠久の長さをもっている。とはいえ、長い歴史のどこに注目したらいいかははっきりしている。いまの中国につながる清朝である。

歴史の空間である国土の特徴をつかんでおく必要もあるだろう。それは中国を理解しようとするときの基本中の基本である。

中国の国土は途方もなく巨大だ。日本もそう小さな国ではないが、中国の広さは日本人の想像をはるかに超える。この巨大さは中国人の国民性に少なからぬ影響を与えている。

国土の面積は九六〇万平方キロもあり、ロシアとカナダに次いで世界で三番目に大きい。飛行機ではじからはじまで飛ぶとすると、東西であれ南北であれ、六時間はかかる。当然、気候も地域によってまったく異なる。東北部のハルビン（黒龍江省）はほとんどシベリアだし、南部の海南島（省でもある）はほとんど熱帯である。ハルビンなどはロシア情緒があふれており、中国という感じがしないが、それでも黒龍江省の省都である。

中国のもつ国境の長さは二万二八〇〇キロである。隣接する国の数も多い。ロシア、北朝鮮、モンゴル、カザフスタン、キルギスタン、タジキスタン、インド、アフガニスタン、パキスタン、ネパール、ブータン、ミャンマー、ラオス、ベトナムである。

中国には山地、高原が多い。国土の三分の二は山と高原である。とくに、海抜が高いのが西部の青海チベット高原であり、平均で海抜四〇〇〇メートルもある。外来者がここに滞在すると、すぐに高山病になってしまうぐらいの高地なのである。このほかには内モンゴル高原がよく知られている。山脈としては、天山山脈、昆侖山脈がある。

中国では、東へ行くほど平坦になり、平野と河川が多くなる。誰でも知っているのが黄河と長江だろう。この二つの大河の流域では古代から農業が盛んであり、文明と王朝が生まれた。土地が肥沃であることが農業を生んだ。

山が多いということは森林が多いことを意味する。森林の面積は一億七五〇〇万ヘクタールある。しかしもっと面積の大きいエリアがある。それは草原であり、四億ヘクタールもある。その大部分はチベットと内モンゴルにある。なるほど、これらの地方は草原のイメージが強い。そこには羊や馬がたくさんいる。南部の雲南省には象がいるそうだ。

山や草原と比べると、耕地は一億二〇〇〇万ヘクタールであり、巨大な人口と比べると多いとは言えない。人口一人当たりの耕地面積は世界のほかの国よりもずっと小さいのである。中国では、現在はすべての農民が土地をもてるようにしているので、農民といえば小農民である。工業化と都市化が進んだとはいっても、現在でも一三億四七〇〇万人の人口（二〇一一年末、世界最大）の半分（七億一三〇〇万人）は農村部で暮らしている。

ここから「老百姓」という言葉も出てくる。これは「一般庶民」という意味であり、とくに老人や農民を指す言葉ではない。むかしは、一般のどこでも見かける人といえば農民だったのである。現在では人口の半分が都市部に住むので、むかしとはずいぶん違ってきたが、いわゆるホワイトカラーや専門職の人で収入も中流レベルの人はまだ少ない。北京の街を歩いているとわかるが、都市住民といってもほとんどネクタイなど締めていない。地方出身の工員や店員がえらく多いという印象だ。そこで彼らは、多分に農民的な気風から抜けきれていない。だからいまでも、「老百姓」という言葉がひんぱんに使われている。

中国人の農民的な気風がもっともよく表れるのは「春節」だろう。これは毎年一月末か二月初めにやってくる陰暦上の正月、つまり旧正月である。中国人はこの旧正月を太陽暦の正月よりもはるかに盛大に祝っている。旧正月から一週間はほとんどの人が仕事を休み、家族・親族とごちそうを食べたり贈物を交換したりする。家族・親族との関係を重視するのは農業社会の特徴であろう。祭りの気分は、春節から二週間後の灯籠祭りまで続く。

北京、上海、広州などの大都会に行けば、高層ビルが林立している。空港、高速道路などのインフラは立派であり、道路には乗用車があふれている。これを見て、「なるほど、たくさんの都会人が暮らしている」と思うと間違う。そこで暮らしている人々はずいぶん農民的なのである。一歩裏通りに入ると、昔ながらの貧しい中国がある。「農民的気風」の中身は単純ではないが、ともかく「中国人は農民的」ということは間違いなく言えるように思う。

農民的であることと国土が広大であることを合わせて考えると、中国の国民生活はきわめてローカルであると言える。生活の範囲は居住する農村、郷鎮に限られており、他の地域に対する関心は皆無と言っていい。まして、他の国のことなどはまったく興味がないのである。

その結果、中国では地方経済の独立性が高く、中央政府のコントロールは弱い。中央政府が国のすみずみまで統制しているかのような印象もあるが、実態はそうではない。地方ごとの特色が色濃く残っているので、中国の中を旅行すると地域ごとの多様性に驚かされることが多い。

加えて、人口が世界最大であることも中国という国に多様性を与えている。とにかく人が多いので、いろいろな人が出てくる。天才的な人、超美人、大富豪がいるかと思えば、どうしようもなく無能な人、極貧の人もいるわけである。慈善家もいるが、少なからぬ犯罪者もいる。

国土が広大な理由は侵略

現在の中国が国土としている広大な領域の中には、チベット自治区、新疆ウイグル自治区、内モンゴル自治区が含まれている。ところが、これらの地域はあまり中国という感じがしない。これらの地域に住んでいるのは、チベット族、ウイグル族、モンゴル族であり、漢族とは違う。不思議といえば不思議である。

これらの地域を版図に加えたのは清帝国である。清の前は明であるが、明帝国は清帝国よりも小さかった。清朝はそれまでの王朝よりも著しく版図を拡大したが、その清朝の版図をそのまま継承しているのが現在の中国なのである。つまり、国土にバブルがあるのだ。

清朝を立てた満州族（満清人）は漢族（漢人）から見れば異民族であり、その感覚はいまでも残っている。中国では有名な歴史家である呂思勉（一九五七年没）は、その『中国通史』の中で、「清朝初期の皇帝は聡明であり、政治も比較的清潔で効率的であったが、満州族はしょせん新興の野蛮民族であった」と言っている。とはいえ、清の軍事力は強大であり、漢人の明、ウイグル、チベットはそれに対抗するだけの軍事力をもっていなかった。

清帝国が漢民族の明を滅ぼして建国したのは一六四四年であるが、その清は一九一一年の辛亥革命によって滅びた。呂思勉は「満州族は侵略的民族だ」とは言っていないが、これは「侵略的」と言ってしまうと清朝の版図をそのまま継承している現在の中国も侵略的とならざるをえないからである。

漢人にとっては、中国の主人公はあくまで漢人であることが肝心だ。ところが、格下の満州人の王朝、清が三〇〇年近くものあいだ中国を統治した。「なぜ漢人はこれほど長いあいだ異民族に支配されてしまったのか」という問いは、いまでも中国人（漢人）を悩ませている。この問いにまともに答えようとすれば、自分たちの欠陥に目を向けざるをえなくなるからである。清の皇帝に言わせれば、「清は徳が高かったので明にとってかわった」ということになる。

中国人を悩ませるもうひとつの問い、それは清が大幅に拡大した版図をそのまま受けついでいいのかという問いである。

中国の政治家や有識者は必ず、「中国は平和愛好的な国であり、他国から攻められたことはあっても他国を侵略したことはない」と言う。しかし、これは見え見えのウソである。前漢の武帝などはきわめて侵略的だった。この漢帝国は、前漢と後漢を合わせると四〇〇年も続いたが、漢民族が形成されたのはそのときである。その後の六朝の時代（三世紀から六世紀まで）には、江南（長江の南の地域）は中国とは認められていなかった。近世には、清帝国が、モンゴル、新疆ウイグル、チベットを侵略・征服した。

もともとは、満州族は「後金」国を立てていた。彼らは数世紀前に滅びた「金」国の末裔である。この「後金」は「女真（女直）」とか「満州」ということもあった。モンゴル族の国は「蒙古」であり、チベット族の国は「チベット」であった。内モンゴルは完全に清の一部となったが、チベットでは自治が認められた。いずれにしても、清はきわめて侵略的であり、その版図がほぼ現在の中華人民共和国となっている。

これが漢民族を長いあいだ悩ませているのである。「漢民族は平和愛好的」という主張で首尾一貫するためには、一九一一年の辛亥革命、一九一二年の中華民国の成立の時点で、自分達を満州族による支配から解放したのだから、モンゴル族、ウイグル族、チベット族をも解放し独立を認める必要があったはずである。事実、独立運動はあった。しかし、中華民国が清朝によって拡大した版図をそのまま国土としたことは、清朝の侵略性を継承したということにならざるをえない。どう考えてもそうなる。

「内モンゴル、新疆ウイグル、チベットを侵略したのは清であって漢民族ではない、中華民国を建国したときそれらの地域はすでに国土の一部となっていた、民族的な融合も進み、ひとつの国として安定していた」という言い方もある。しかし、これはたんなる言い逃れである。辛亥革命のとき、これらの地域は独立しようとしたのだ。現在も、ウイグル人やチベット人の多くは独立を望んでいる。近年だけをとっても、二〇〇八年にチベット騒乱、二〇〇九年にウイグル騒乱がおきている。

これらの地域を中国の国土の一部とすることを正当化する理屈があるとすれば、それは「中国とは漢民族の国のことではない、それは中華文明の恩典に浴することを歓迎する民族の暮らす地域である」というものである。しかし、この理屈にも説得力がまったくない。

たしかに、古代においては文明の行きわたる範囲がひとつの国となるということがあったかもしれない。それは民族が何かということを気にしない時代であった。このような時代には、国境がどこにあるのかもはっきりしない。

しかし、一民族が一国家を形成するのが近代の大きな特徴である。もちろん、現代においても多民族国家があって悪いということはないが、民族国家が基本となっている理由は簡単である。多民族国家だと、必ずといっていいほど、人口と文化で優位に立つ民族とそうでない民族とのあいだに支配—被支配の関係が発生するからである。そこで支配される民族は当然不満であり、支配する民族に抵抗する。当然、国の運営はうまくいかない。近代の民族国家は、民族ごとの言語と文化の違いを認めるものであり、それが主権国家となるという考え方である。

だから、「中華文明の行きわたる範囲が国となる」という理屈は近代には通用しない。中国「中原」の周辺の民族が中華文明に同化したという事実もない。そもそも、モンゴル族、ウイグル族、チベット族の言語の中には「中華」ということば自体が存在しない。彼らははなからこのコンセプトを拒否している。日本にも「中華」を認めない思想がある。

清朝を立てた満州族は中華文明を体現する民族ではなかった。前述のように、漢族から見れば満州族は一ランク下の民族なのである。こうして、中華文明論は決定的な弱点をもつことになる。中国人（漢人）が清帝国という存在に感じているなんとも言えぬ居心地の悪さの根拠は以上のようなものである。

清帝国は中華帝国だったのか

中国の東北部の三省、つまり黒龍江省、吉林省、遼寧省は満州族の故地であるが、現在これらは「省」となっており「自治区」ではない。ということは、満州族に限れば漢族との民族的・文化的融合がある程度進んだということだろう。

なんと言っても、清朝は三〇〇年近くも続いたのである。そのあいだに満州族は「漢化」されることが多かった。また、漢族も多少ではあるが、「満化」された。満州族の「漢化」は文化面でも進んだが、とくに重要なのは、それが漢族の中華思想、華夷思想の取りこみを含んでいたことである。

「中華思想」とは何か。評論家の黄文雄は、「中華思想の最大の特色の一つは、自己中心、自国中心、つまりジコチューであることだ。……中国という国は、国家を超越した『天下』であり、世界は中国を中心に成り立っているというものだ」と言っている。ジコチューは別のことばで言えば、ひとりよがり、唯我独尊だろう。中国の「中」は中心の「中」であり、「中原」、つまり黄河の中・下流地域がすべての中心であり、そこから離れれば離れるほど文明のレベルは低くなるとみなされる。この中華思想は黄河文明を生み出したというプライドで裏打ちされている。

なので、いまでも中国人の意識の中では、国境がボヤッとしている。別掲の図1のような地

図１　中華世界の範囲

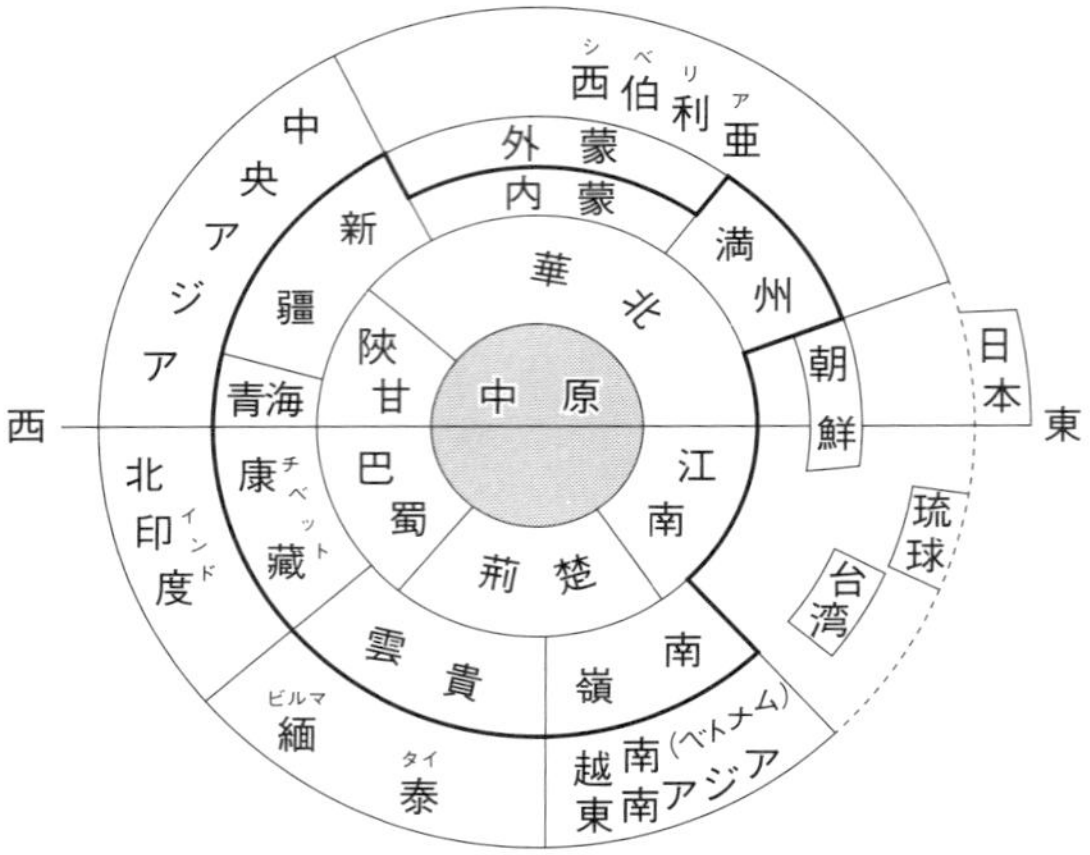

（出所）　黄文雄『「複合汚染国家」中国』ワック、2006年。
（注）　太線の範囲が現在の地理的国境。

理的国境はあるのだが、中華文明はその周辺の国にも及ぶと考えられている。中国はこの中華をいまでもひきずっているので、周辺の国と領土紛争が絶えないことになる。

歴史的には、中華帝国は漢民族だけの王朝ではなかった。しかし、満州族の立てた清帝国の場合、建国からしばらくして国力が厚くなると、満清人は「自分たちは中華帝国である」という意識になった。もともとの満州族にこの思想、意識はなかったわけであるから、この点では強烈に「漢化」したわけである。しかし、漢族にとって満州族はどこまでも異民族である。

現在、中国の街を歩いてみても、満州人と漢人を区別することはできない。もともと、これら二つの民族の風貌は大きく違わなかったが、三〇〇年の清による統治の中で区別はますます見えなくなった。したがって、清朝以後の中国を、それまでの中華帝国的な中国と同じものと考えても大きく間違うことはないように思われる。漢族も、清帝国を中国と見る見方に強く異議を唱えているわけではない。

その清帝国＝中華帝国におこったことが、多分に現在の中国人の気質を決めている。共産党革命は「新中国」をつくり出したはずだった――それは平等を重視する社会主義のはずだった――が、近年は革命以前の気分にどんどん回帰している。そこで、現在の中国を理解するためには、中国の近代史、とくに清朝と中華民国の歴史を知ることが不可欠となるのである。

現在の中華人民共和国の建国は一九四九年であるが、その時点で、民族ごとの自治を大幅に認めて連邦制をとるか、それとも中央集権制のもとで限定された自治を認めるのか、選択の余地があった。結果的には連邦制ではなく中央集権制が選ばれたわけだが、星野昌裕教授（南山大学）は当時の共産党指導者だった周恩来の言葉「帝国主義者がチベット、台湾、新疆を分裂させようとしている状況」をその理由として引用している。連邦制をとれば中国が分裂していくというおそれがあったのだ。

いまの「自治区」はその名に反してそこに暮らす少数民族による自治を実現していない。自治区政府の長（主席）は少数民族だが、漢族の共産党幹部が自治区共産党の書記として送りこまれている。つまり、「民族自治」はまったくのフィクションなのである。

いまに尾を引く中華主義

中華帝国清朝三〇〇年の中でもっとも「盛世」となったのは中期の乾隆帝の時代だった。国力は充実し、物産は豊かであった。国土は広大、産業は盛ん、歴史も長いとなれば、態度が倨傲となるのは仕方がないかもしれない。中国で暮らしていると、ときどきこの「傲」を感じることがある。とくに官僚に尊大な人が多い。

おまけに、中国は文明古国である。数々の偉大な発明、深い思想を生んだ。古代の職人たちが、陶磁器、絹、各種の武器、火薬、紙などを発明している。インドからの輸入文化ではあるが、仏教への貢献も大きい。中国の最大の発明は「漢字」ではないか。これによって物事を記録することが可能となり、意志の疎通も確実に行えるようになった。国民の統合も進んだ。

言うまでもなく、古代の日本にとって中国は圧倒的な先進国であったから、何度も遣隋使、遣唐使を送っている。中国からもたらされた文字、仏教、建築技術、官制が日本の国づくりに大きく役立った。茶、豆腐、白菜などの食品も来た。この点については、日本人は中国への感謝を忘れるべきではないだろう。

しかし、中華帝国の弊害は「世界で何がおころうとも自分たちが最高」と思いこむところに出てくる。これが「傲」あるいは「倨傲」である。「夜郎自大」と言ってもいい（「夜郎」であって「野郎」ではないことに注意されたい。むかし、夜郎国の人が自分の国は漢よりも大きいとカン違いした故事から生まれた四字熟語である）。

有名なエピソードがある。一七九三年（乾隆帝のころ）、ヨーロッパ諸国は競って中国との交易を求めていた。目当ては「地大物博」の国、中国の豊富な物産である。清朝に使節を送った国の中にイギリスがあったが、使節代表のマカートニーは乾隆帝に謁見するために「三跪九叩の礼」を要求されたのである。当時のイギリスといえば産業革命前夜であり、世界の大国になろうとしていた。そのイギリスの国王ジョージ三世からの使節に、ただ跪かせるだけでなく頭を床につけるように要求した。つまり、臣下の礼をとるように言ったわけである。結局、マカートニーはこれを断わり、交渉して、一回だけ片膝をつくことで折り合った。中国の官僚はこれになかなか納得せず、イギリスへの非難が盛り上がったという。

このころはたしかに、中国の産品はヨーロッパがつくれないようなもの、あるいはヨーロッパよりも先進的なものが多かった。しかし、考えてみれば、ヨーロッパから中国まで来航するための船舶と航海術は中国にない先進技術だった。中国の産業技術が一方的に優れていたわけではないのである。それにもかかわらず、清朝は「中国は広大であり、無いものはない、あなた方と交易する必要はない」という傲慢な態度であった。これは清朝の世界認識が時代錯誤的であったことを意味する。これが中華主義の大欠点である。

この清朝の「傲」はその後も続き、鎖国状態が維持された。西欧における科学技術と産業の発展は無視されてしまった。清朝が衰退に向かった大きな理由がそこにあるのだ。

ひるがえって現在の中国あるいは中国人を見ると、この中華主義は、それほどはっきり見えるわけではない。いまの中国では外資系企業が大きな存在となっているし、中国人は英語を熱心に勉強している。先進国の科学技術の吸収にも貪欲である。しかし、これは中国が中華思想をきれいに払拭したことを意味しないのである。中国人は一〇〇年単位で物事を考えている。「いずれ世界は中国が支配することになる」とまじめに考えている人がいるのは驚きだ。

二〇一〇年秋、中国の書店には『中国夢』などという本が並んだ。その中身は、二一世紀は中国と米国が競い合う世紀になるというものだった。また、二〇一三年三月に国家主席となった習近平は「中国の夢」を唱え始めている。これは中国の米国コンプレックスの裏返しだろう。

清朝の時代、諸外国が中国に参集したのは中国の豊富な物産が欲しかったからであった。再びいま、諸外国が中国に集合しているのは、中国の市場が欲しいからである。中国は人口が巨大、経済（GDP）も巨大、市場も巨大であり、ビジネスチャンスが多いことは間違いない。つまり、むかしは「豊富な物産」であったものがいまは「需要のある市場」に変わっているだけなのである。欧米や日本の企業は、この中国の市場としての蠱惑に抵抗できない。そこで中国は、「中国企業だって優秀である、あなた方に無理して居てもらう必要はない」という態度に出られるわけである。

現在、世界の多くの国、企業（すべてとは言わない）が中国に「三跪九叩の礼」をとっていることも、中国の「傲」を助長しているであろう。これは中国自身にとって、良いこととは言えないのであるが、二千年の歴史をもつ中華思想は簡単には退場してくれそうにない。

ついこのあいだまでは、中国人は対外的には「韜光養晦《タオグアンヤンホイ》」の姿勢をとっていた。これは「能力を隠して力を蓄える」という意味である。この「隠して」というところがひっかかる。これは「いまに見ていろ」ということだろう。

しかし、二〇一〇年、中国のＧＤＰは日本を追い抜いて四〇兆一五〇〇億元（約五二〇兆円）となった。この巨大なＧＤＰは、環境の悪化、資源の浪費という大きなコストを払って実現したものであり、中国の一般国民の幸福を表すものではない。相当な水増しの上で出てきている数字である。私の友人である北京大学の教授などは、「私はＧＤＰデータをまったく信用していない」と言っている。

しかし、そうは言っても、国家統計局の発表するＧＤＰデータのほかには使えるデータがないので、みんな仕方なくそれを使っているわけだ。データの上では「世界第二の経済大国」となったので、気のはやい中国人は、「中国のＧＤＰはいつ米国のＧＤＰを追い抜くか」を論じ始めている。しかし、中国経済の成長率はこれから下がっていく。一〇％とか九％とかの高成長が永遠に続くことはありえない。当然、このリスクには備えねばならない。

今後の経済成長率を米国三%、中国七%と仮定すると、たしかにあと二〇年ほどで中国は米国を追いこすことになる。しかし、米国の三%が長期安定的であるのに対して、中国の七%は安定性が疑わしい。これまでの高成長を支えてきた条件はいまどんどん失われているので、七%成長(二〇一一年からの五カ年計画で目標とされている)という低めの成長もそう長く続くとは考えない方がいい(第2章を参照)。

現在、多くの中国人は、中国の台頭、中国語でいう「崛起《ジュエチー》」を論じている。これは「中国の経済発展方式は優れている、中国の発展は世界にとってもいいことだ」とする立場である。二〇〇八〜〇九年の世界金融危機を成長率のわずかな低下だけで乗り切ったことで中国人は自信を深めた。

しかし、中国の台頭は国際社会から歓迎されているだろうか。否である。多くの国が警戒感を強めている。多くの国にとって、現在の中国に見られるようになった、国進民退、官僚統制の強化、一般大衆の貧困、軍事大国化は受け入れることができないものである。最近の中国台頭論は多分に中華復興思想でもあるから、ますます受け入れにくい。

中国の経済成長率は高く、市場としても大きい。そこでいまや、中国では二五万社もの外資系企業が活動している。二〇一〇年と二〇一一年には、一〇〇〇億ドルを超える直接投資が入っている。これは一応、中国経済の強みと言えるが、そうでないとも言える。なぜなら、何らかの事情(たとえば社会の動乱)によって外資系企業が撤退すれば、中国経済は壊滅的打撃を受けてしまうからである。外資依存は良いことばかりではない。

もうひとつの民族感情は「恨」

いまも残っている中国人のもうひとつの民族感情、それは「恨」だろう。つまり、他の国に向かう「恨み」であり、また自己に向かうすこしばかりの「悔恨」である。この感情があるがゆえに、中国内の社会矛盾は外へ転嫁されやすい。この民族感情があると、国内問題を対外問題に転化できてしまうので、中国の政治家にとっては便利この上ない。しかし、日本人としては「やれやれ」と言うしかない。

この感情は中国人の表層だけを見ていてはわからない。しかし確実に、それは民族感情の中に深く沈潜しているので、ときどき噴出する。この「恨」が向かう先は西欧と日本だ。

このような感情が中国人のあいだに根をおろしている理由は明らかであろう。それは清朝末期から中華民国初期にかけて、西欧列強と日本が中国を痛めつけたからである。以下のようなことが強く記憶に残っている。

（一）二度にわたるアヘン戦争。一八四〇～四二年におこったのがアヘン戦争（第一次）であり、一八五六～六〇年におこったのが第二次アヘン戦争（アロー号戦争ともいう）である。アヘン戦争はイギリスと清朝とのあいだの戦争であり、イギリスはインドからアヘンを大量に運びこみ、中国の銀を大量に持ち帰った。清朝が怒ったのは当然であり、アヘン商人にアヘン取引を行わないよう禁令を出した。イギリスの罪は重い。しかし、結局は戦争となり、清はイギリスに大敗した。その結果、南京条約（一八四二年）によって、香港を割譲し、上海など五つの都市を通商のため開放した。

第二次アヘン戦争は、一八五六年に広州の珠江に碇泊していたアロー号というイギリス船が清朝の官憲から臨検を受けた事件をきっかけとしておこった。ここでも清朝は敗北し、天津条約、北京条約が成立している。このときは、利権の分け前にあずかるため、フランスも戦争に参加した。清朝の窮状につけこんでロシアも北から攻撃をしかけ、黒龍江以北を割譲させた。

清朝がさんざんに敗け、不平等条約を強いられたのを見て、中国人が立ち上がったのは当然であろう。それが一八四三年に始まった「太平天国」の運動である。これはキリスト教の影響を受けて始まった運動であり、宗教運動と社会運動と政治運動が奇妙に混じりあったものであった。軍隊を組織し、清朝軍と戦ったが、結局は混乱の中で消滅した。

（二）日清戦争。これは一八九四〜九五年におこった。中国では中午戦争という。この戦争は、日本にとっては、ロシアと西欧のアジア進出、清による朝鮮支配強化に対する防衛としての意味をもっていたが、日本が中国から領土を奪おうとしたことも否定できないであろう。当時の日本は、弱体化した清朝では列強のアジア侵略を防ぎきれないと判断し、開戦に踏みきり、清に大勝した。

戦争の結果、下関条約（一八九五年）によって、日本は多額の賠償金とともに台湾と遼東半島を獲得した。また、西欧列強と同じように中国と通商を行う権利を得た。

(三) 義和団の乱と八カ国連合軍の北京進攻。これは一九〇〇年におこっている。一九世紀後半のように列強から痛めつけられると、排外的な気分が盛り上がってくるのは避けられない。一八九九年、山東省と北京周辺で「義和団」と呼ばれる民衆蜂起がおこった。そのスローガンは「扶清滅洋」。北京、天津のキリスト教教会を破壊し、数千の外国人、宣教師たちを殺害した。また、外国人と関係をもつ中国人も殺害した。しかし、これが諸外国に出兵の口実を与えた。中国で生活する自国民の保護は十分な口実になるが、諸外国は出兵によって中国での権益をさらに拡大しようと考えただろう。

イギリス、フランス、ロシア、日本など八カ国が互いに友好的だったわけではない。中国での権益の争奪戦は続いていた。しかしそれでも、中国人の反乱という共通の脅威に対しては、とりあえず連合を組むことができた。

(四) 日本の「二一か条の要求」。これは一九一五年のことである。その前年の七月に第一次世界大戦が始まっているが、日本は英仏などの連合国側についた。そこで日本は、中国に駐留するドイツ軍を攻撃したのである。日本が中国に突きつけた「二一か条の要求」は、旅順、大連の長期租借、南満州鉄道の長期経営権などから成り、ドイツと戦うために中国とも敵対するという理不尽なものであったが、なにしろ中国の国力は疲弊しており、これを呑まざるをえなかった。当時の中華民国大総統の袁世凱が、涙を流しながら、この要求を受け入れるとの声明を読み上げたことが記録に残っている。

（五）日中戦争。これは一九三一年九月の満州事変から一九四五年の日本敗戦まで続いた日中戦争である。ふつうは一九三七年に始まったと言われるが、一九三一年を始点とすべきだろう。中国では「抗日戦争」と呼ばれている。

日本ではこの戦争についてごたごたした議論が行われてきたが、目的のはっきりしない日本の侵略であったことははっきりしている。満州事変（柳条湖事件）は日本の関東軍の暴走であった。中国の東北軍（二五万人）に日本軍（一万人）は楽勝したので、軍人の増長はひどくなるばかりであった。中国の言い分をそのまま受け入れる必要はないが、中国はいまだに一九三七年に南京「大虐殺」がおこったと言っている。「日本軍は三〇万人の非戦闘員を殺した」という言い分である。

ともかく、以上のように中国はひどい目にあってきたわけである。この屈辱は一九世紀なかばから一〇〇年も続いた。その結果として、中国人の意識の中に「恨」が沈潜したことは当然だろう。それはとくに日本に対して集中した。

この点がわかれば、現代の中国にいまだに見られる、肩肘張った排外的な気分も腑に落ちる。外国からの中国批判（とくに人権弾圧と一党独裁）に対する反応はつねに威丈高となる。また、世界第二の経済大国となったことも、この「恨」の裏返しと言えるだろう。「いまに見ていろ」という怨念は屈辱の歴史を逆転させ、中華を復興するのだという猛烈なエネルギーを生んできた。その気持ちを理解する必要はあるだろう。ただし、経済成長だけでは中華の復興はできないし、そもそも「中華」というコンセプトがいまや時代錯誤である。

中国人の歴史認識は弱い

中国に行くと、日本人が感じる中国人の視線は好意的なものではない。それは仕方のないことである。日中戦争そのものが、日本による中国侵略であり、どう見ても弁明できるものではない。その上、戦争中の日本軍の行為の中に犯罪的なものがあった。それについては、日本人はこれからも深刻な反省と謝罪を続けるべきであろう。

中国人にとって（とくに共産党にとって）は、抗日戦争は自己の存在証明であり、民族の記憶としての永遠性をもつだろう。しかし、中国人であれ日本人であれ、歴史的事実をできる限り客観的に明らかにする必要がある。この点で、中国側の事実を解明しようとする努力が弱いことは大いに気になる。誇張されすぎた数字で糾弾されたら、日本人としては素直に謝罪しようという気持ちにはなれないのである。

おそらく、中国人の反日感情の原点は彼らの言う南京「大虐殺」だろう。これは日本人として避けては通れない問題である。しかし、中国人がこの問題を論じるとき、どこまで真実が明らかになっているのだろうか。

中国人の歴史認識には、どこか偏ったところがあるようだ。事実の解明よりも歴史を政治的に利用しようとする傾向が目立つと言わざるをえない。

南京事件については、日本では長いあいだ論争が行われ、それなりに歴史的事実を解明する努力が行われてきた。秦郁彦教授の『南京事件』(増補版、中公新書、二〇〇七年)などは真面目な学問的労作である。『南京戦史資料集』のようなものも刊行されている。一九三七年一二月から翌年二月まで南京に侵攻した日本軍は何をやったのかはたしかに問題である。

秦教授は、「日本軍による中国兵の捕虜、便衣兵、民間人の殺害はあったが、その数は最大でも四万人」と結論している。それでもすさまじい数ではあるが、中国政府の主張する「三〇万人」はあまりにも誇張された数字ということになる。交戦によって死んだ中国兵をこの数に含めていることもおかしいことだろう。

北村稔教授(立命館大学)の『「南京事件」の探求』(文春新書、二〇〇一年)も学問的な労作であるが、やはり「三〇万人」を否定している。もちろん、「数は問題の核心ではない、民間人の殺害があったことが重要なのだ」という考え方は正しいが、根拠不明の数字を事実として日本への恨みを刻みこむのがいいことなのかどうか。

中国には各地に抗日戦争博物館が二〇〇以上あるらしい。当然、南京にもあるが、首都の北京にもある。

北京の天安門広場のすこし西に、「中国人民革命戦争博物館」という壮大な建物がある。入館が無料であることを見ると、中国政府ができるだけたくさんの人に展示を見せようとしていることがわかる。

この博物館には、古代から現代までの戦争がパネル、模型、資料などによって説明されているが、日中戦争にはひと部屋があてられており、その一部に南京「大虐殺」のコーナーがある。しかし、三〇万人と中国が主張する「大虐殺」の証拠が示されているわけではない。日本軍の作戦命令書のようなものが展示されているが、そこに「非戦闘員を殺してもかまわない」と書かれているわけでもない。中国政府があやふやな証拠にもとづいて「三〇万人の大虐殺」と言い、展示を続けていることには正直なところついていけない。もちろん、一人でも非戦闘員を殺せば犯罪であるが、あやふやな事実を展示し続けるのはいかがなものかと思う。

もちろん、南京には「侵華日軍南京同胞大虐殺記念館」がある。私も、ここへ行かずしてどうすると思って行ってみた。着いたときは閉館時間を過ぎていたのであるが、守衛が入れてくれた。中国人も意外にフレクシブルなところがある。入場料はタダである
この記念館は、しかし北京の博物館よりも趣味がもっと悪い。パネルには「三〇万人虐殺」とはっきり書かれているし、中国人の遺体の写真やモデルも展示されている。

どうやら、中国人は日中戦争、とくに「南京大虐殺」を永久に記憶にとどめるつもりのようである。日本人としては、この中国人の民族感情をつねに念頭においておく必要があるだろう。「もう水に流そう」というようなことはけっして言うべきではない。南京に限らず、日本軍に犯罪的行為があったことはたしかである。ただし、中国がいつまでも「南京」を政治カードと

して使うことは封じる必要がある。

歴史に向き合うという点では、日本人も偉そうなことは言えないが、中国人の場合、歴史の特定の部分だけを誇張し、またあまり記憶したくない部分を消去しようとする傾向がある。前者の例としては日中戦争、とくに南京「大虐殺」があり、後者の例としては清朝末期の腐敗、「大躍進」期と「文化大革命」期の国民の大量死、天安門事件における民主運動家の「虐殺」があると言えるだろう。中国では歴史学と政治があまりにも密着しているので、学問的で厳密な歴史研究はほとんどないのが現状である。

ところで、中国人の「恨」は自己に向かう「悔恨」でもある。アヘン戦争から約一〇〇年のあいだ、なぜ中国は半植民地のような状態に陥ってしまったのか。そこには、中国自身の腐敗、混乱があったのではないか……。そういう反省も中国人にはすこしはある。

とくに、清朝の後半の時期には腐敗と混乱がひどかった。有力な商人は朝廷にカネを払って官職を得、官吏の身分を手に入れた。商業は盛んだったが、農業は停滞し、農民は普遍的に貧困化した。「洋務自強」の運動がおこり、西欧の科学技術の移入が一定に行われたが、保守派の反対も強かった。そして多くの因習が残ったままだった。その極端な例が「纏足《てんそく》」である。国民、とくに女性への教育には力が入らなかった。

中華民国となってからも、各地には軍閥が割拠し、政治と社会の混乱は収まらなかった。中国共産党はその混乱の中で成立したものである（一九二一年七月）。共産党は一時は国民党と合作したがすぐに決裂し、長い抗争となった。

このような長い混乱の責任は中国人自身にあるだろう。民衆の幸福を第一とせず、有力者が政治闘争にのめりこむ傾向はいまも続いている。

「恨」と紙一重の「憤」もある

「恨」は中国人の民族感情の底に沈潜しているものであるが、それはときどき噴出して「憤」の形をとる。憤り、憤激である。「憤」は国内の腐敗、格差拡大に向けられてもいいはずであるが、国民が政治体制を批判することは許されない。そのため、「憤」は外に向かうことになってしまう。中国には「憤青」（怒れる若者たち）がかなり多いが、その怒りは見当はずれであることも多い。偏った愛国教育が行われているからである。

「憤」の例をいくつかあげておこう。

（一）靖国問題。日本の政治家で靖国神社に参拝する人は少なくないが、参拝があるたびに中国から抗議が来る。中国政府が激しく抗議するだけでなく、一般国民も日本の公館や企業に集団で抗議に来ることは少なくない。靖国神社にはA級戦犯が合祀されており、中国人はそれを問題としている。

この問題については日本の中でも長らく論争が行われて、賛否両論があるが、ここではふれない。ただ、日本政府は問題に決着をつけるのが遅すぎるとは言えるだろう。

（二）ノーベル平和賞問題。二〇一〇年一〇月、ノルウェーにあるノーベル平和賞委員会は、中国で獄中にある平和運動家の劉暁波《リウシアオボー》氏に平和賞を与えることを決定した。しかし劉氏は一二月の授賞式に出席できなかった。彼の妻は自宅で軟禁されている。

この一件は中国の中ではほとんど報道されなかったので、多くの一般国民は知らない。しかし、中国政府のノルウェー政府および平和賞委員会への抗議は激しかった。中国政府の働きかけで、かなりの国が授賞式を欠席することになった。劉氏の運動は中国の国民に基本的人権（政府批判の自由も含まれる）を認めよと主張するものであり、二〇〇八年には民主化を求める意見をまとめた「08憲章」を発表した。ところが、中国政府は「政府を倒そうと、民衆をあおった」とし、劉氏の逮捕に踏みきった。二〇一〇年二月、劉氏は懲役一一年の判決を受けた。

こんなことをやれば世界中から嫌われるということが、中国政府にはわかっていない。KY（空気読めない）もいいところだ。この件でもわかるように、中国は民主化運動を弾圧する国である。デモに参加しただけで逮捕されることがある。

中国がノルウェーに「恨」を抱く理由はまったく見当たらないが、ノルウェーに限らず西側の国が中国の人権問題、民主化問題を取り上げると、中国人の反応はつねに「憤」である。国内世論は政府に同調することが多い。というより、政府によって操られている。

（三）反米感情。中国が米国から痛めつけられたことはない。強いて言えば、一九五〇～五二年の朝鮮戦争で、米国と中国が戦火を交えたという歴史があるが、その記憶が中国に濃厚に残っているわけではない。日中戦争の時期には、米国は中国に多額の援助を行ってもいる（ただし、国民党の蔣介石に対してである）。

それにもかかわらず、現在の中国人（とくに政府）には反米感情が強い。その理由はシステミックなものであろう。米国にも問題は多いが、基本的人権、民主主義、自由という人類の普遍的価値については妥協するつもりはないだろう。だから劉氏の釈放やチベット族の権利保護を要求してもいる。ところが中国政府は、自由や民主主義は政治の安定が保たれる範囲でしか認めないと言っている。これが米中のあいだの根本的な相違であり、和解はむずかしいだろう。

しかし、米中のあいだの対立が「人類の普遍的価値」についての相違だけからおこっていると考えるのも間違いである。米国が台湾に武器を売却したり、日本・韓国と軍事演習を行ったりすると、中国は激しい反発を見せる。中国にとっては、東アジアはすでにその勢力圏のように見えており、東・南シナ海の尖閣列島、西沙諸島、南沙諸島の領有権を主張することとなる。このあたりで急速に軍備を増強してもいる。米中の覇権争いはすでに始まっている。

中国にとっては、米国が世界経済システムの中で基軸国となっていることも不満である。ドルが依然として世界の基軸通貨であること、その中で米国が金融業の肥大化とグローバル化を許してきたこと、経常収支の赤字を放置していること、二〇〇八年にリーマン・ブラザーズの破産とそれ以降の世界金融危機を発生させたことは、たしかに問題である。この危機の根源には、米国人の根拠なき楽観論と貪欲（グリード）があり、それを制御できない米国政府の甘さがあった。中国の米国批判には一理あると思う。

しかし、中国の言う「より公平な国際経済システム」の中身はよくわからない。中国人自身、「中国が世界経済のルールをつくる」と考えているわけではない。中国の米国批判が共産党の一党独裁体制と結びついている以上、中国には説得力がなく、米中の対話はかみ合わないのである。

一党独裁が改革を阻んでいる

乱暴かもしれないが、以上で「中国とは何か」という問題への答えは出たとしよう。次なる問題は、「中国の政治体制はどうなっているか」である。

現在の中国経済を理解しようとするとき、避けて通れないのは共産党の一党独裁という冷厳な事実である。たしかに、個人としての独裁者はいなくなったが、共産党が集団として独裁を続けている。では、共産党とは何だろうか。

共産党の党是は、特権階級を廃止し、「民のかまどを温める」ことである。しかし、近年の中国を見ると、この建前はまったく形骸化している。一九九〇年ごろから、民営企業を増やし、そこそこに豊かな中産階級を増やして、自由だが安定的な社会をめざしたが、それが完全に行き詰まった。共産党は、特権階級の廃止というスローガンとはまったく逆に、党幹部、政府幹部、国有企業幹部などで形成する権益共同体を強化してきた。そのため、中産階級はわずかしか生まれず（人口の一〇％ぐらい）、数億人の貧困層はなかなか減らないという結果になっている。大卒の失業者などの新たな貧困層も増えている。

こうして、「経済の高成長、民生の安定のためには政治の安定、共産党の一党独裁が必要である」という理屈は説得力を失ってしまった。一党独裁で社会の欲求不満が鬱積しており、もはや一党独裁イコール政治の安定とは言えなくなってきた。

現在、共産党員の数は約七八〇〇万人。彼らはあらゆる政府機関（地方レベルを含む）に根を張りめぐらせている。また、政府以外の公的機関や国有企業にも共産党委員会があり、監視的な役割を果たしている。国有企業は経済のすべての要所を占めており、その経営は政府の指令によって行われている。ここに成立したのが「権益共同体」である。

共産党以外の政党を許さないわけではない。中国民主同盟、中国国民党革命委員会、中国民主建国会、中国農工民主党など八つの政党が存在はしている。しかし、これらすべての政党を合わせても、党員数は約七〇〇万人に過ぎない。共産党はこれらの政党と協議の場をもっており、それは「人民政治協商会議」（政協）である。しかし、肝心の自由選挙がない。

共産党の最高の意志決定機関は、一応は五年に一回開かれる党の全国代表大会ということになっている。これが党の人事、党の中央委員会の報告を審議して承認する。党大会の参加メンバーは党員の選挙によって選ばれる。

しかし、中央委員会の報告、提案が否決されることはまずありえないので、実質的な最高決定機関は中央委員会だと言える。中央委員は約二〇〇名である。とくに政治局員（二五人）の中の常務委員（現在は七人）といえば、閣僚をも上回る実力者である。これら七人は中国最高の独裁権力集団だと言える。政治局は三権と軍の上に立つ超法規的存在なのだ。それゆえ、どんな悪政をやろうとも、共産党政治局の責任を法的に問う者はいない。

共産党が中央政府、地方政府のすべての機関を指導するのであるから、党のトップである総書記が国家主席になる（任期は五年、再任は可能）。国家主席は政府のトップであり、大統領と考えていい。総書記は中央軍事委員会主席となることが多いので、その場合には、党、政府、軍の三権のトップに立つことになる。首相にあたる国務院総理は通常は政治局の常務委員であり、国家主席に次ぐポジションである。

中央政府の〇〇省をとってみよう。そのトップとしては〇〇大臣がいる。ところが、省の中には共産党〇〇省委員会もあり、そのトップはたんに書記と呼ばれている。〇〇大臣とこの書記が同一人物であれば政府と共産党は一体であるが、ふつうは別人である。書記が〇〇省の副大臣となっていることが多い。この場合、大臣と書記のどちらが最終決定権をもっているのかよくわからない。中国政府につきまとう不透明さの源はここにある。多くの場合、書記の方が上である。

地方政府についても同じことが言える。××市をとってみよう。行政のトップは一応は市長である。しかしここでも、共産党××市委員会があり、そのトップに書記がいる。この書記が市の行政すべてを監視しているわけである。ふつうは市の行政に口を出すことはないが、共産党支配にすこしでも害を及ぼすと思われることがあれば躊躇することなく介入する。すべての地方政府がこのように二重構造になっているのである。

それでは、一般国民の意志はどこで代表されるのか。これは一応は全国人民代表大会である。毎年一回、三月に北京で開かれる。代表の数は約三〇〇〇人。中国全体から選ばれ、少数民族、労働組合、農民も代表を選ぶことができる。彼らは共産党員に限られない。しかし、人民代表のほとんどは共産党が指名する人である。末端の自治体である郷や鎮では選挙があるが、被選挙人のほとんどは共産党が指名している。

この全人代は政府の人事を承認し、法案を議決する権限をもつので、一応は国の最高の意志決定機関であり、国民の意志を代表することになっている。しかしじっさいは、政府（国務院）の提出する議案をそのまま承認してしまう翼賛的な機関となっているので、とうてい国民の議会と呼べるようなものではない。

中国にも法律はあり、重要なことは立法を経て執行されている。しかし、その法律は実質的には共産党の中央委員会が決定していると考えて間違いない。しかも、法律がいつも守られているわけではない。

「改革と開放」の理由は脱貧困

このあたりで論点を中国経済に移したい。こまかい議論は第2章以下で行いたいが、ここでは、なぜ「改革と開放」となり経済の高成長が始まったのかをはっきりさせておきたい。「改革と開放」の政策が決まったのは一九七八年一二月に開かれた共産党中央委員会の全体会合においてである。その翌年の一九七九年から高成長が始まり、二〇一〇年まで年に実質一〇%の高成長が続いたわけである。これはたしかに驚異的だ。

名目値であるが、一九七九年のGDPはわずか四〇六三億元にすぎなかった。そのGDPが二〇〇〇年には九兆九二一五億元となった。一九七九年の二四・四倍だ。二〇一〇年には四〇兆一五〇〇億元であり、一九七九年から見ると九八・八倍である。ほとんど一〇〇倍に成長しているのである。言い換えると、一九七九年当時の中国の所得は現在（まだ貧しい）の所得の一〇〇分の一で、極貧状態であった。貧しさから脱出するには民の活力が必要だった。

「改革と開放」の政策は一応の成果をあげた。ならば、なぜこの政策への転換が行われたのかを問わなければならない。この問いには、「中国の貧困化が極限にまで達していたから」と答えることができる。中国で貧困化が進んだ理由はいくつかある。

第一に、建国の年一九四九年にいっさいの商業を禁止したことである。中国には古くから商人を農民よりも下に見る思想があるが、共産主義のイデオロギーが商業による利益の獲得は罪悪であると決めつけた。

商業が禁止されたので、国民が必要とする物資はすべて「配給制度」によって分け与えられた。米、麦、卵、酒、茶、たばこ、肉、魚などだけでなく、衣料品や公営住宅も配給された。配給なので国の発行する証票なしには買えない。小売店、飲食店は消滅した。配給の対象となる品目はその後縮小したが、最終的に制度が廃止されたのはようやく一九九五年であった。住宅の配給をやめたのは一九九八年だ。

第二に、一九五八年から八〇年ごろにかけて、「大躍進」と「人民公社」のキャンペーンがあった。農業と基幹産業の生産を大きく伸ばそうとしたのが大躍進であったが、利潤動機を完全に否定する精神運動であり、大混乱のうちに、一九八〇年ごろに中止された。人民公社は農民の集団化であり、農地の私有は禁止された。これも利潤動機を否定するものであり、農業生産を増やすことに失敗した（人民公社の廃止が正式に決定されたのは一九八三年）。大躍進の期間中には一五〇〇万人が餓死し、ＧＤＰも三〇％減少するという、壊滅的な打撃が発生した。

第三に、一九六六年から一九七六年の長きにわたって、「文化大革命」という熱病的現象がおきた。誰がこの運動を始めたのかはいまだにはっきりしないが、毛沢東があやしい。「中国にはまだ資本主義的な分子がいる、彼らを叩け」というのが、この運動であった。

この運動はすべての既存の体制への造反を呼びかけるものであり、共産党、社会経済、国民に大きな傷を負わせる病であった。ようやく一九八一年になって、共産党中央委員会は、「文化大革命は党指導部の誤まった指導によって始まった国内の騒乱であった」という総括を与えている。

以上のように、一九四九年の建国から一九八〇年ごろまでの中国は混沌状態にあったと言えるだろう。この期間の中国の実質成長率は年平均で四％であり、マイナスではない。しかし、日本をはじめとする東アジアの国々、韓国、シンガポール、台湾、マレーシア、それに香港が高成長を見せていた。それと比べて中国の遅れが目立っていた。アジアの中で中国は貧しい国であることが誰の目にも明らかになっていた。

そこで、共産党の中にも深刻な反省がおこったわけである。「人は自分の利益を求めて行動する、金銭がなければ幸福にはなれない」という現実を共産党も認めざるをえなくなった。こうして、貧しさに背中を押される形で、一九七八年末の「改革と開放」政策が決定されることになったのだと考えられる。

この大転換の背後に、共産党の実力者であった鄧小平がいた。彼は一九七八年末、有名な言葉を残している。「白猫でも黒猫でもかまわない。ねずみをつかまえる猫がいい猫である」――。

鄧小平は一九八八年にも重要な発言をしている。「二億人が住む東部沿海部は先に豊かになってかまわない。東部が十分に発展したら、そのあとで内陸部を発展させる」というのである。これが「先富論」の考え方であり、中国の経済発展はこの路線のとおりに進んだと言える。鄧小平は相当な知恵者であったのだろうが、同時に、軍事委員会主席という最強のポストについていた（国務院では副総理）。

この「先富論」は、少なくとも経済全体を膨張させるのには有効であった。国有企業の民営化、株式会社の導入、政府の許認可の整理（緩やかな自由化）が一定に行われたので、経済の活性化が進み、高成長となったことは事実だろう。

しかし、その結果として、経済成長の負の側面、つまり権益共同体の形成、大幅な貧富の格差、激しい環境の悪化、党幹部・官僚の腐敗などが深刻化したことも事実である。

そこで共産党は二〇〇三年ごろから、「先富論」を廃止し、「共富論」に切り換え、「和諧社会」を唱えるようになった。また、二〇二〇年までに「全面小康《チェンミエンシアオコン》」（すべての面で中ぐらいの豊かさが感じられる）社会を実現するという方針を打ち出した。ところがこの転換がうまくいっていない。転換のためには、国有企業を中心とする権益集団と共産党一党支配を廃止せねばならないが、それが行われる可能性は限りなくゼロに近い。

現在、中国共産党の最大の関心事となっているのは、一党独裁体制が維持できるかどうかである。国民生活の持続的向上と国民のあいだの経済格差の拡大の抑制ができれば、一党独裁体制はなんとか続くだろう。

しかし、一党独裁を変えることなしに国民生活の向上、経済格差の是正ができるのかどうか疑問が強くなってきている。この疑問は公平な中国観察者だけでなく、当の共産党幹部の中にも生じている気配がある。一党独裁である限り腐敗が根を張るわけであるから、体制と目標のあいだには解決不能な矛盾があると言わざるをえないだろう。

もちろん、国民の不満をやわらげるために改良改善型の政策はとられている。しかし、それで間に合うのかという疑問が強まっているのである。共産党のつくりあげた権益共同体を崩すことはむずかしいが、その試みが出てくれば、中国は激変に見舞われることになる。この政治リスクは小さくないだろう。

社会主義でもなく市場経済でもない

中国経済を理解しようとするとき、多くの人が躓いてしまうのは、中国政府がいつも「中国は社会主義市場経済である」と言っていることである。「何かおかしい」と思っても、この建て前論を何度も聞かされると、「そんなものかな」と思ってしまうのである。しかしじつは、現在の中国は社会主義でもないし、市場経済でもない。

「社会主義市場経済」という表現がはじめて採用されたのは一九九二年である。それ以前は、中国は国有企業が支配する計画経済であり、「商品経済」という言葉を使っていた。

一九九二年一〇月、五年に一度の共産党大会が開かれたとき、はじめて「社会主義市場経済」という表現が採用された。社会主義を維持しつつ市場経済を次第に拡大していくという大方針が決まったわけだ。「市場経済」という言葉を使うこと自体が大きな方針転換だったのだ。これを受けて、一九九三年一一月の共産党中央委員会全体会合では、次のような具体的方針が決まった。

・公平な所得分配をめざすが、効率を優先させ、一部の地域、一部の人々が先に豊かになることを奨励する
・社会保障を拡大し、経済の発展と社会の安定を促進する
・国有企業の権限と責任を明確化する
・全国において統一的かつ開放的な市場システムをつくるが、企業は公有制を主体とする

この一九九三年の決定は、「社会主義」と「市場経済」というつながりにくいものをなんとか両立させようとして苦労している。しかしこれまで、中国は必ずしもこの方針どおりになっていない。

まず、「所得分配の公平よりは効率を優先する」という方針はそのとおりになっている。一九九〇年代半ば以降、所得分配の不平等はどんどん高まった（第4章でくわしく述べる）。「公平な所得分配」は一顧だにされなかった。社会主義は効率よりも公平を重視すると同時に「民のかまどを温める」ことをめざすものであるはずだが、すでに述べたように、階層間・階級間の格差は急速に拡大してきた。しかも、特権的富裕階級は不正な手段で富裕化している場合が多い。したがって、「中国は社会主義」とはとても言えない。

「土地を含む主な生産手段は全人民所有あるいは公有であるから中国は社会主義だ」という意見を聞くこともあるが、これは間違いである。「土地や国有企業は全人民が所有する」というのは形の上ではそのとおりであるが、では所有権をもつ一三億の人々が議会における審議などをつうじて支配権を行使しているだろうか。まったくそんなことはない。じっさいには、土地は地方政府が支配しているし、国有企業は中央政府の官僚が支配している。

それでは、中国は市場経済だろうか。

「市場経済」と言えるためには、生産、投資、資産などの面で、国有企業の存在が無視できるほど小さくなり、民営企業の存在が圧倒的に大きくなければならない。しかも、民営企業の設立と経営は自由でなければならず、国の統制や干渉はあってはならない。

ところが、現在の中国では、依然として民営企業が参入できる業種は限られており、その上、国、地方政府からの不透明な干渉が行われている。だからこそ官員とのコネが重要なのだ。コネのない企業にとっては、あれこれ言ってくる行政干渉は大きな負担である。

根本的な問題は、国有企業はもちろんだが、国が民営企業に対しても指導監督の体制を手放そうとしないところにある。民営企業の存在そのものがようやく正式に認められたのは一九八八年であり、憲法が改正されて、「国は私営経済が法の定める範囲内で存在・発展することを認める」となった。一九九九年にも憲法が改正されたが、「国は個人経営、私営企業を奨励・指導する」という文言となった。ここには「奨励」という言葉はあるが、「指導」もある。国

表1　国有企業が優先する産業

国有企業が絶対的支配力をもつべき産業（7産業）	兵器、電力電網、石油石化、電気通信、石炭、民間航空、海運
国有企業が比較的強い支配力をもつべき産業（9産業）	設備製造、自動車、電子・情報、建築、鉄鋼、非鉄金属、化工、測量設計、科技

（出所）「21世紀経済報道」（週刊新聞）2011年1月1月号。

による、あるいは官僚による指導・監督はあっていいことになっている。この体制がいまもまったく変わらず続いている。

民営企業はどこが不自由なのだろうか。中国では、一九九三年に「公司法」（会社法）が施行されており、国有（公有）以外の形態の会社も一応設立できるようになった。しかし、どんな産業でも設立できるわけではない。二〇〇三年に国有企業を管理する機関として、「国家資産監督管理委員会」（国資委）が設立されたが、この委員会が国有企業優先の方針を二〇〇六年に打ち出している。

別掲の表1が示すように、国有企業が支配力をもつべき産業が決まっている。民営企業を設立しようとすれば、国家工商総局（その地方事務所）に登記せねばならないが、法令ではないとしても、これらの産業で設立することはまず不可能である。登記を受けつけてもらえない。この民営企業に対する差別はいまでも行われている。

では、せめて国有企業は党・政府による支配から脱して市場経済ルールにしたがうように改革されているのだろうか。否である。政府による支配と保護は続いており、国有企業には存立する産業において独占的地位が与えられている。この独占的・特権的地位によって、国有企業は楽々と高利潤をあげている。国有企業を小さく分割して競争させるとか、株式制としてその株式を広く多くの株主にもってもらうとかの改革は、まったく実行される気配がない。けっきょくのところ、共産党独裁という政治体制を変えないかぎり、真の市場経済が実現する見込みはないだろうという結論になる。つまり、政治の民主化がなければこれ以上の経済発展はできないのである。

以上でわかるように、いまの中国は社会主義ではなく市場経済でもない。では何なのかといえば、「国家資本主義官僚経済」と言わざるをえないだろう。だから、欧米の多くの国はいまだに中国を「市場経済国」とは認めていないのである。これは当然だろう。

「虚高」のGDP

二〇一一年はじめ、国家統計局の発表によって、二〇一〇年の中国のGDPが日本を抜いて世界第二位となったことが明らかになった。中国人はこれを冷静に受けとめている。中国の人口はいま一三億四七〇〇万人であり、日本の一〇倍以上であるから、べつに驚くことではない。

中国のGDPは四〇兆一五〇〇億元になった（二〇一〇年）。二〇〇九年の三四兆六〇〇〇億元と比べると一六・七％も伸びている。これは物価の上昇率が六・五％もあったためであり、実質では一〇・四％の成長であった。

二〇一〇年、米国のGDPは一四・六兆ドルである。米ドルに対する人民元の平均レート六・七六八元を使って計算すると、中国のGDPは五・八八兆ドルとなり、米国の四〇％となる。世界全体のGDPの中では八・五％を占めることになる。世界の中での中国の存在感はこれからも増大していくだろう。

しかし、現在の中国ではこれまでの高成長の結果として問題がどんどん出てきている。身近な問題としては、食料品の危険性が増している。野菜や果物には濃厚な農薬が付着しており、何度も水洗いしないと食べられない状態である。野菜用の洗剤まで売られていることは驚きである。最近になっても、毒入り食品の事件があとを絶たない。「地溝油」（下水からつくった食用油）なども笑い話ではない。中国の一般国民には同情を禁じえない。安全な食料品もすこしは売られているが、価格が三倍もする。

二〇〇八年には、石家荘市の「三鹿《サンルー》」という会社がメラミン入りの幼児用粉ミルクを販売して社会が騒然となる事件があった。メラミンを混入すると、食品検査が行われるときに蛋白質の含有量が上がる。この毒入り粉ミルクが出回ったため、六人の幼児が死亡し、三万人を超える幼児が病気になった。このように、最低限の企業倫理さえ欠いている例が少なくない。食品への違法な薬品、添加物の混入の例は山のようにある。

同じように深刻なのは、環境汚染と所得分配の悪化の問題である。これらは近い将来、中国の高成長の頭を抑える要因となるはずだ。

環境汚染は甚しく、また、国民のあいだの所得分配の不平等は極限まで悪化している。北京、上海、広州などでは大気汚染が甚しく、街を歩いていると息苦しいほどである。大気中のダイオキシンも問題にされている。もっと恐ろしいのは水質の汚染であり、工場からの廃水の垂れ流しによって、河川、湖水、地下水の汚染が進んでいる。レアアースはとくに恐ろしい。土砂を採掘してレアアース（稀土）を分離する過程で、水銀や鉛などの重金属が排出される。それが水質を汚染するので、米に代表される農作物が危険になっている。牧草にも重金属が吸収され、それを食べる羊の肉も危険になっている。中国科学院は、二〇〇〇万ヘクタールの耕地が重金属に汚染されていると言っている。

貧富の格差の拡大が極限にまで来ていることとその原因は何なのか、についてはあとでくわしく論じる予定であるが、これが現在、大きな社会問題となっていることは中国人自身が認めている。大いに働いて富を得ることはいっこうにかまわないが、中国の場合には「邪道致富」が多いのである。これは政府の特別の優遇を受けてビジネスを独占する企業（国有企業が多い）の経営層にあてはまる。多くの場合、中央、地方の公務員が収賄によって富裕になっている。だから、貧富の格差についての一般国民の怒りはつねに潜在している。この怒りは何かのきっかけがあれば暴動という形で爆発しやすいのである。暴動、集団抗議行動はどんどん増えている。

あとで論じるが、中国ではきわめてひかえめに「貧困ライン」が設定されており、それは一人当たりの年間収入がわずか一五〇〇元（約二万円）にすぎない。月収ではなく年収である。

しかし、この低すぎる貧困ラインを採用しても、中国にはそれ以下の人が一億人いる。世界銀行の貧困ラインは一日当たりの収入一・二五ドルであるが、この基準を使うと、中国の貧困者は二億人となる。広く知られてはいないが、これは厳然たる事実である。もうすこし広く定義すると、中国の貧困者は四億五〇〇〇万人である（第4章を参照）。

当然、所得分配の不平等度を測る「ジニ係数」（大きいほど不平等が強い）も高い。国家統計局の計算なのでかなり信用できると思うが、二〇〇七年に〇・四七という高い値となっている。「改革と開放」以前には〇・一六だったが、一九七九年以降、一貫して上がってきた。

もっと衝撃的なのは資産分配の不平等である。これについては確かなデータはないが、二〇一〇年六月八日号の「財経国家週刊」に夏業良という北京大学の教授が、「一％の富裕世帯に富の四〇・四％が偏在している」と書いた。二〇〇九年には、人民政治協商会議の機関紙「人民政協報」（六月一九日付）に、「人口の〇・四％が七〇％の富を独占している」という記事が出た。

以上は中国をおとしめるために言っているのではない。中国のメディアを注意深く見ていれば、ときどき報道されていることである。

不安定性と脆弱性は強まっている

しかし、メディアにはほとんど出てこないこともある。第一に、中国のＧＤＰを生産面でとらえると、その二〇％（私の推定）は外資系企業によって生産されている。もちろん、どの国にも外資系企業が存在し、生産活動を行っており、ＧＤＰに貢献しているわけであるが、中国の場合はその比率が異常に高い。製造業に限ると、年間売り上げが五〇〇万元以上の企業は合計で四三万四〇〇〇あるが、そのうちの七万五〇〇〇が外資系となっている（「中国統計年鑑」）。何らかの理由で外資系企業が撤退すれば、中国のＧＤＰは大幅に落ち込むであろう。

第二に、ＧＤＰを支出面でとらえると、その五〇％近くは固定資本投資であり、あまりにも過大である。この比率は二〇〇〇年には四〇％程度であった。比率が上がったのは、固定資本投資がＧＤＰを上回るスピードで伸びてきたためである。その結果、中国では不動産（商業用ビルと住宅）に空室が多くなり、企業の設備にも過剰なものが多くなった。言い換えると、多くの無駄な投資をやっているのが中国であり、この無駄によってＧＤＰが水増しされている。いわば、ＧＤＰが「虚高」になっている。かりに投資が半分に減れば、ＧＤＰは二五％縮小することになる。この水増し分が、すなわちＧＤＰバブルである。

これまでの過剰投資によって、いまや膨大な過剰設備、過剰不動産が積み上がっているのが中国経済である。その影響は間もなく現れるだろう（第3章をご覧いただきたい）。近い将来、資産価格バブル、ＧＤＰバブルは崩壊せざるを得ないだろうが、その結果何がおこるだろうか。これは中国を考えるときの最大のポイントである。このリスクも小さくない。

中国のＧＤＰを評価するときは、それが毎年高い伸びを示していることのみを見るのでなく、その中身をつねにチェックする必要がある。すると、家計消費がGDPの三六～三七％程度しかないのに固定資本投資がGDの五〇％近くに達していることがわかる。投資が大きく伸びればGDP成長率は当然高くなる。

しかし、固定資本投資の中身が問題である。その三〇％程度は不動産・住宅への投資であり、投機的なものが多い。投機目的で住宅を買う人は、転売しやすいように空室のままで保有することが多い。ここに大きな資源のムダがある。固定資本投資の五〇％程度は企業（とくに国有企業）の設備投資であるが、企業は採算を度外視して投資競争に走る傾向があるので、過剰設備が慢性的になる。ここにも資源のムダがある。過剰投資はGDPを増やしたい地方政府のあと押しを受けている。

この固定資本投資の「偏高」は永遠に続くものではなく、いつかは下方への調整がおこる。この下方調整はすでに始まっていると見ていいだろう。

以上の説明はくどいかもしれないが、読者には、現在の中国が多くの経済的・社会的問題を抱えるに至ったことを理解していただけたと思う。二〇一一年三月に開かれた全国人民代表大会は、二〇一一年に始まる第一二次五カ年計画を採択し、これらの問題を解決していく方針となっている。

しかし、根本的なところにメスを入れようとしない。権益共同体の解体にはまったく踏みこんでいないし、深まる一方の党と官僚の腐敗を正そうとする姿勢も弱い。輸出依存、投資依存、過小消費という構造が改革される見通しも明るくはない。官の汚職が摘発された件数は二〇一二年に四万七〇〇〇であったが、氷山の一角であろう。二〇一二年一〇月に「ニューヨーク・タイムズ」は前総理の温家宝のファミリーによる不正蓄財を報じたが、腐敗の根は深いようだ。

五カ年計画でめざすのは年平均で七％の実質成長である。もしこれが本当に実現するなら、それは輸出依存、投資依存、過小消費は是正されることになろう。インフレや住宅価格の高騰もなくなり、国民生活はかえって向上することになるだろう。しかしそれは、これまでの一〇％という高成長をゆるやかに内需中心の七％成長に下げることに成功する場合に限られる。

ところが、これまでの高成長パターンを踏襲しようとする勢力がまだ根を張りすぎている。なので、高成長が続いてしまい、社会矛盾がさらに強まるおそれが残っている。

いまの中国では、国民の不満はすでに爆発寸前のところまで来ている。現在の陳勝・呉広が出てこないとは言い切れない。中国政府は、この不満を公安警察、ネット警察の強化（その費用は半端でない）で抑えようとしているが、これは国民の神経を逆なですることであり、逆効果だろう。共産党の一党支配が限界に達し、大きな社会騒乱がおこれば、経済の高成長は終わる。そのリスクはどのくらい大きいのか。考えておくべき問題である。

第2章　高成長経済の虚実

中国経済の不安定性が増している

中国のＧＤＰは、二〇一〇年に四〇兆元近くにまで成長した。いまや、米国に次ぐ世界第二の経済大国である。そのＧＤＰの名目額（金額）は年に一五～一六％も伸びており、この勢いが続けば、二〇二〇年ごろには米国を追い抜いて世界第一の経済大国になってしまう。

しかし、本当に伸びているのかと疑問をもつ人は少なくない。高成長にはかなりのバブルが含まれているのではないかという疑問だ。

かりに中国政府が発表するＧＤＰデータをそのまま認めるとしても、現在のスピードがあと一〇年も二〇年も続く状況ではなくなっているので、中国が米国を追い抜くことはないだろう。とはいえ、中国のＧＤＰが米国のＧＤＰに接近することは、近い将来、ありうることである。となると、世界経済の中で中国がそこまで巨大な存在となることがいいことなのか悪いことなのかが問題だ。巨大化したあとで中国バブルが崩壊すると、世界経済はどうなってしまうのだろうかという不安がちらつく。

思いおこせば、二〇〇八年九月、米国でリーマン・ブラザーズが破産した。その原因を一口で言えば、住宅・不動産バブルの崩壊とハイテク兵器のような新しい金融商品の失敗であった。

その後、世界で経済金融危機がどのように広がったかについて、われわれはよく知っている。米国はいまだにその後遺症に苦しんでいる。その国力の疲弊は隠せなくなった。経済大国の挫折が世界に与える影響を知るため、ここで米国の金融危機がどのように世界に広がったかを振り返ってみるのは有益だろう。

米国では、リーマン・ブラザーズだけでなく、世界最大の保険会社であったＡＩＧや政府系の住宅金融会社であるファニー・メイ、フレディ・マックも破綻状態となった。大不況の襲来を防ぐため、政府はこれらの機関に巨額の公的資金（税金）を投入し、中央銀行である連邦準備制度は巨額の住宅ローン担保証券を買い支えせざるをえなくなった。それでも、住宅価格は二〇〇六年のピークから五〇％も下落し、住宅投資は低迷を続けた。

金融危機の背後には必ず過剰債務問題がある。米国の場合には、家計部門の過剰債務が途方もなく膨らんでいた。二〇〇八年なかばのピークにおいて、ＧＤＰに迫る一二兆ドルである。「住宅価格は永遠に上がるものであり、けっして下がることはない」という楽観が広がっていたので、みんなが住宅ローンを組んで家を買った。住宅ローンを出した銀行はそれをローン債権として売却し、入手したニューマネーを新たな住宅ローンに回した。この回転売買は儲かった。

住宅ローン債権を購入した証券会社や銀行の子会社は、ローン債権を担保として債務担保証券（ＣＤＯ）を発行し、世界中の投資家に売りさばいた。ＣＤＯは複雑な商品であり、そのリスクが正確に評価されることはなかった。住宅価格のバブル的上昇は二〇〇一年に始まり、二〇〇六年央にピークをつけたが、その後下がり始めた。そのため、住宅ローンの焦げ付きが増え、ＣＤＯの信用は低下し、その価格は暴落することになった。二〇〇八年と二〇〇九年の両年で、破綻した銀行は一六五行を数えた。

こうして世界最大の経済が破綻したのであるから、その影響は大きかった。ほかの国に与えた影響は次の三点にまとめることができるだろう。

(一) 二〇〇八年一〇月におこった米国株式の暴落は、すぐに世界の主要国の株式の暴落につながった。米国では、ダウ・ジョーンズ指数（平均）は、九月の一万一一一四ポイントが一〇月に九一七八ポイントとなり、二〇〇九年三月にかけて七二三六ポイントまで下がった。中国では、すでに二〇〇七年に株価がバブル的に上がっており、上海総合指数は二〇〇七年一〇月に（平均で）五八二四ポイントとなっていた。しかし、二〇〇八年九月は二一六四ポイント、一〇月は一九三四ポイントという影響が出た。日本でも株価が暴落している。

(二) 米国製の住宅ローン関連の金融商品を保有していた世界の金融機関に巨額の損失が発生した。米国の金融機関には二兆ドル近い損失が発生した。ＥＵの金融機関にもほぼ同額の損失が出た。二〇〇九年春までに発動された支援策から判断すると、損失額は一兆五〇〇〇億ユーロにもなる。

(三) 世界最大の輸入国である米国の輸入（通関ベース）は二〇〇九年に一兆六〇〇〇億ドルとなり、前年から二九％も減少した。このため、主要国の輸出は軒なみ三〇％

近くの減少となった。中国、日本も例外ではなかった。

では、中国経済が破綻すると世界にどんな影響が出るだろうか。この問いに答えるためには、いまもっともありそうな「中国経済の破綻」がどのような形をとるだろうかという問題をはっきりさせる必要がある。不動産バブルの崩壊と固定資本投資の大きな減速はすでに二〇一二年に始まっている。そのため、輸出と輸入が減っている。これはあくまでも思考実験ではあるのだが、中国経済の減速の世界への影響は考えておくべき問題である。「中国はつねに高成長する」と考えるのは間違いだからである。

現在の中国経済と二〇〇七年ごろの米国経済はよく似ている。中国の住宅・不動産市場には大きなバブルがあるのかないのか。「確実にある」というのがその答えである。バブルである以上、崩壊をまぬかれることはできない。

「バブルは存在する」という結論を明確に述べたものとして、政府系の研究所である社会科学院が二〇一〇年一二月に発表したレポートがある。社会科学院は二〇一〇年九月、全国の主要三五都市の住宅価格を調べた。レポートによると、この三五都市の住宅価格は平均で三〇％のバブルを含んでいるという。中でもバブルが大きいのは北京と上海であり、住宅価格の五〇％がバブルだと判定されている。政府系の研究所が住宅バブルを公然と認めているのだ。商業用不動産（ショッピング・センターやオフィスビル）についての本格的な調査は行われていないが、事情は住宅とほぼ同じである。

これほど巨大な住宅・不動産のバブルがなぜ発生したのかという問題については、第3章でくわしく考えてみたい。しかし、バブルがあるのは不動産市場だけではないだろう。以下で論じるように、中国の固定資本投資の多くは非効率で価値を生み出していない。そこにもバブルがある、と私は見ている。

中国経済は近年なぜ高成長したのか

二〇〇九年といえば、世界の主要国が金融危機の中で軒なみマイナス成長を記録した年である。実質成長率を見ると、米国がマイナス二・六％、日本がマイナス六・三％、ドイツがマイナス四・七％、イギリスがマイナス四・九％であった。

その中で中国のみは実質でプラス九・二％もの成長を記録した（名目では八・六％）。中国ではこれを「一枝独秀」と言っていた。中国だけがダントツで優れているという意味だ。

二〇一〇年になると、中国の成長はさらに加速した。実質で一〇・四％、名目で一六・七％という驚くようなスピードである。中国ではこれを「快速増長」と言っていた。世界のほかの主要国もプラス成長に戻ったが、中国の成長は突出していた。

この高成長はそれなりに評価せねばならないが、その副作用もまた大きかった。それはインフレと過剰投資である。それを以下で説明していこう。

このような高成長は輸出が崩壊する中でおこっている。輸出への依存が大きかった中国で輸出が激減した（二〇〇九年）のであるから、それを打ち消すような力が働いたはずである。それは固定資本投資の激増であった（二〇〇八年と二〇〇九年）。

「固定資本投資」とは、政府によるインフラ投資、企業による設備投資、住宅・不動産投資の合計であり、これが近年はＧＤＰの五〇％近くにもなっている。この固定資本投資は、「完全に」とまではいかないが、政府によってかなりコントロールされている。したがって、輸出が減ったり増加が鈍化すると、政府の政策によって固定資本投資の増加率が高まる。ただし、固定資本投資を構成する三者のうちの住宅・不動産投資は、政府が思うままにコントロールできるものではなく、多くの個人の価格期待に依存するので、不安定である。

住宅・不動産を除く固定資本投資はなぜコントロールできてしまうのだろうか。政府のインフラ投資は、財政に余裕がある限り自由に増やすことができる。財政に余裕がなくても、政府債務残高が小さければ、中央政府は国債を発行すればいいし、地方政府は土地を売却したり銀行から借りればいい。中国では、中央政府も地方政府もインフラ建設に熱心であり、インフラへの需要も大きい。現在は財政に余裕ありとは言えなくなってきたが、地方政府の官員の「政績」はその地方のＧＤＰによって評価されており、高水準のインフラ投資を続ける構えである。

企業による設備投資は、国有企業による投資の比率が高い。国有企業は中央政府からの指令を受ける立場にあり、不況のときには政府も投資の拡大を指示するので、喜んでそれにしたがう。景気が過熱するときは、政府はもちろん設備投資の抑制を指示する。ところが、これについては言うことを聞かない。なぜかというと、国有企業の経営者は企業の拡大を第一の経営目標としているからであり、政府の指令といえども素直には聞けないのだ。企業拡大のためには、とにかく採算を度外視しても設備投資を拡大することが必要なのだ。また、国有企業といっても、その立地する地方の地方政府（省）との結びつきが強く、地方政府は地元の国有企業が拡大することを歓迎し促進するからである。

地方政府は競ってその地方のGDPを大きくしようとする。したがって、国有企業に限らず、どんな企業でも地元に誘致しようとしている。そのために、工場用地を無償で、あるいは安価に提供したり、地方税を減免したりしている。このことも企業の設備投資の高い伸びに結びついている。これが「国進民退」だ。

こうして、中国のGDPの中では固定資本投資が突出して伸びるようになり、約一〇年前（二〇〇〇年）に四〇％であったGDPシェアはいま五〇％近くにまで高まった。歴史的に見て、固定資本投資の比率をここまで高めた国はなかったわけであり、その急減が中国経済の大きなリスクとなってきたわけだ。

もっとも、中国経済が激しいバブル崩壊によってハードランディングする可能性は小さいだろう。実質成長率を見ると、二〇一一年は九・三％、二〇一二年は七・八％であり、ゆるやかにスピードダウンしている。住宅・不動産価格の低下はゆるやかである。

今後は、成長率はゆるやかだが着実に低下していくと見ている機関が多い。国務院の経済研究所も世界銀行も、二〇二〇年には七％、二〇二五年には六％、二〇三〇年には五％という長期見通しを発表している。これは二〇一〇年までの一〇％成長とくらべると大幅なダウンであるが、中国の中ではこの見通しに対してとくに反発は出ていない。いまや一〇％成長の時代は完全に終わったと考える人が多い。私もその一人である。

供給サイドから長期的に考えると、成長率が下がらざるをえない最大の理由は、一九八〇年代に年に二～三％も増えていた労働力人口が、一九九〇年代に約一％に下がり、二〇〇〇年代に〇・六％に下がり、いまやほとんどゼロになっていることである。この労働力人口のゼロ成長は二〇二五年まで続く。

もちろん、働く人の数が一定でも、一人当たりの資本ストックは増えようし、技術進歩（全要素生産性の上昇）もあろうから、経済成長がなくなってしまうわけではない。しかし、労働力人口が減少している日本の成長率の低さを見てもわかるように、労働力人口のゼロ成長は成長率にかなり効いてくるはずである。また、私の推計では、今後一〇年ほどの中国の技術進歩率は年に二％であり、高いとは言えない。その上、企業の投資設備がこれまでのようには伸びられなくなっており、一人当たりの資本ストックの増加も大きくない。

中国がこだわるのは七％成長

いま中国がこだわっているのは、かつてのような一〇％成長ではなく七％成長である。二〇一二年一二月に開かれた共産党と政府の首脳による中央経済工作会議では、二〇一三年の目標として、特定の成長率を決めることはできず、またこれまでの定番の表現である「安定的で比較的速い成長」という文言もやめた。つまり、やみくもに高成長を追求する路線とは訣別したのである。しかし、その後七・五％という目標が決まった。

中国政府の腹づもりとしては、今後一〇年は七％は実現したいということだろう。七％成長を一〇年続ければＧＤＰや国民所得は二倍になるからである。高成長を追求すれば国民のあいだの所得格差は拡大し、社会が不安定化する。そうかといって、低成長になってしまっては、財政が苦しくなるし社会保障の充実もできない。七％成長は両者のあいだのほどよい妥協と考えられているのだろう。

しかし、もっと高い成長を望む勢力もいる。そこで、「積極的な財政政策」を行っていく方針も認められた。政府の公共事業には権益をもつ人々が連らなっており、彼らはいまだに高い経済成長を唱えている。

短期的には、中国ですでに発生してしまった住宅・不動産バブルがどのようにはじけていくのかが問題であろう。

現在の中国は住宅・不動産価格のバブル、固定資本投資のバブルのピークの状態になっている。二〇〇八年には経済成長の失速がおこっており、バブルは問題ではなかった。バブルが意識され始めたのは二〇〇九年の後半になってからである。二〇〇八年から見て、非常に短いあいだに不況が終わり、バブル的な状況が現れたことになる。それはなぜだろうか。その理由をはっきりさせると、中国の現状が理解できる。

二〇〇八年の経済成長失速の危機は年の後半におこっている。実質成長率を見ると、第一・四半期に一〇・六％、第二・四半期に一〇・一％（前年比）であり、順調であった。夏には北京でオリンピックが開かれており、企業のセンチメントはまだ楽観的であった。

しかし、成長率は、第三・四半期に一〇％を割り込んで九・〇％となり、第四・四半期には六・八％にまで下がってしまった。二〇〇八年トータルでは九・六％（改定値）を維持した。この二〇〇八年後半、経済成長が減速する中で、中国政府に失速の危機感が生まれたわけである。この危機感は経済成長率が八％を下回るときに強くなる。

二〇〇〇年代の中国においては、毎年一〇〇〇万人前後の農村労働力の都市部への移動がおこっている。また、都市部の中でも、毎年数百万人の労働力の増加がおこっている。これが中国の特殊事情である。このように大きな労働力供給を吸収して就業させるためには、実質九％以上の経済成長が必要だと考えられていた。経済成長が九％を下回ると、失業者が大幅に増えやすい。失業者が増えることは社会の不安定性に直結する。中国政府が経済の高成長にこだわる最大の理由はここにある。政府としては、「何が何でも九％以上、最悪でも八％以上の経済成長を確保する」というスタンスを変えることができなかった。二〇〇九年三月の全国人民代表大会では、当時の温家宝首相が「二〇〇九年は八％成長を死守する」と発言した。これは「保八」と言われた。

切迫した危機感の中で政策が行われると、政策の行き過ぎがおこり、一般物価のインフレや資産価格のバブルが発生してしまうことがある。近年の中国でおこったのはまさにこの政策の行き過ぎであった。しかし、二〇〇八年の時点でリアルタイムに政策を決定せねばならないとしたら、「経済成長の失速」の危機感に駆られて、「景気対策は不足するよりは過剰な方向に行き過ぎた方がいい」となるのも無理はなかっただろう。そのため、じっさいに採用された政策は、世界金融危機の影響をほとんど打ち消してしまうほど強烈なものとなったのである。

二〇〇八年後半の中国経済はどんな危機の中にあったのか、すこし振り返ってみよう。

まず株価の暴落がある。代表的な上海取引所の総合指数は、すでに二〇〇七年一〇月一六日に史上最高の六一二四ポイントをつけていたが、その後一年でなんと一六〇〇ポイントまで暴落した。深圳取引所と上海取引所を合わせると、上場株式の時価総額はこの一年で二四兆元も縮小したのである。

第二に、国家発展改革委員会のデータによると、全国で七万以上の中小企業が倒産した。そのほとんどは労働集約的な輸出型製造業企業であり、地域的には沿海部、とくに珠江デルタ地域に集中していた。倒産にまで至らない企業も、多くは生産を停止したり減らしたりした。中国の港では輸出できない製品の在庫が積み上がった。

第三に、工業生産のデータによると、鉄鋼、セメント、金属加工、自動車などの業種で生産の減少がおこった。中国の産業が生産を減らすのは異例である。生産が減り、過剰な生産設備が問題となった。すでに二〇〇六年三月に、国務院は六業種（鉄鋼、電解アルミ、自動車など）の過剰設備が大きいと指摘していたが、二〇〇八年後半には在庫が積み上がり、過剰はますますひどくなった。

第四に、二〇〇八年末から二〇〇九年にかけて、約一〇〇〇万人の農民工が都市部から農村部に帰郷した。農民工とは、農村に戸籍をもつが、かなり長期的に都市部に出稼ぎに出ている人々である。農民工の大部分は製造業と建設業で低賃金で働いている。農民工は日本の非正規労働者とよく似た存在であり、企業の業績が悪くなると簡単に解雇されてしまう。

以上すべては、米国発の世界金融危機によっておこったことである。中国はＧＤＰの三五％を輸出する世界一の輸出大国であり、二〇〇七年には輸出（金額ベース）が二六％も伸びていたが、二〇〇八年には一七％の伸びに鈍化した。そして二〇〇九年には大きく減少している（減少率は二八・九％）。この輸出の急減はたしかに大きいが、それで経済が失速しそうになったのであるから、中国経済がいかに輸出に依存する構造となっていたかがわかるだろう。

なお、中国の輸出額は二〇〇九年にドイツを上回り、世界一となっている。二〇〇九年の輸出額は減少したが、それでも一兆二〇〇〇億ドルであった。二〇一〇年にはこのレベルから三一・三％も増えて、一兆五七八〇億ドルとなった。二〇一〇年の輸入額は一兆三九五〇億ドルで、三八・七％も増えた。これほど高い輸入額の伸びによって、多くの国が対中国輸出でうるおった。そのため、多くの国は輸出市場として中国に大きく依存するようになった。しかし、中国のような不安定な国への依存度をあまりに高めすぎては、万一のとき共倒れになりかねない。

世界最大の財政と金融の拡大を断行した

以上のような事態に対して、中国政府は世界で最大級の財政と金融の拡大によって対応した。もう古い話かもしれないが、それを振り返ってみよう。

まずは財政である。二〇〇八年一一月に決まった財政支出（国と地方政府）の拡大は四兆元であり、減税は五五〇〇億元である。これらを、二〇〇九年と二〇一〇年の二年間で実施することにした。四兆元の内訳は、中央政府が一・二兆元、地方政府が〇・六兆元、国有企業が二・二兆元であった。国有企業は政府そのものではないが、政府が財政資金を与えて設備投資を行わせた。そしてこれを二〇〇九年に重点的に支出することにした。

中国の名目ＧＤＰは二〇〇九年に三四・五兆元である。それとくらべると、減税を含めて一年当たりで二・三兆元の財政拡大となるが、これはＧＤＰの六・七％にあたる。ＧＤＰ比では世界最大の拡大策であった。

中国では、ふつうの年であれば財政収入は二〇％は増える。しかし、二〇〇八年から二〇〇九年にかけては、この伸びが半減した。そこで中央政府は二〇〇九年に一兆六〇〇〇億元の国債を発行し、そのほとんどを銀行に買い取らせ、収入の一部は地方政府に与えた（二〇一〇年にも八五〇〇億元の国債が発行された）。一兆六〇〇〇億元の国債は二〇〇九年のＧＤＰの四・六％に達した。

こうして財政支出は、中央政府と地方政府を合わせると、二〇〇九年に七兆五〇〇〇億元となり、二〇一〇年に八兆四五〇〇億元となった（二〇一一年は一〇兆元）。

中央と地方を合わせた財政支出を伸び率で見ると非常に大きかった。金額としては二〇〇八年に六・二兆元であり、ＧＤＰの二〇％であった。これが二〇〇九年には七・五兆元となったのであるから、伸び率は二一％である。二〇一〇年には八・四五兆となったので、伸び率は一三％である。二〇〇九年の伸びは異例に高かった。

それでは、二年間で四兆元という財政支出の追加は何に使われたのだろうか。その大部分は政府によるインフラ投資と国有企業による設備投資である。鉄道、高速道路などの建設に一・五兆元も支出することにした。ただし、インフラ関連でないものも多少は含まれている。

たとえば、中央政府は、農業基金の拡充、穀物生産への補助金、農業機械の購入への補助金に一二三〇億元を支出した。また、農村部での家電製品や自動車の販売ネットワークの拡充に三二〇億元を支出した。これらは「家電下郷」（二〇一三年一月まで）と「汽車下郷」（二〇一〇年末まで）の政策と呼ばれている。環境の改善と技術のイノベーションには一二〇億元を支出した。さらに、最低生活を維持するための給付（全国）に二二一〇億元を支出した。医療施設の整備（全国）には一〇〇〇億元を支出した。

二年間で五五〇〇億元という減税も小さくなかった。二〇〇九年の一年のみであるが、住宅の売却益に対する営業税は停止された。二〇〇九年と二〇一〇年の二年間については、小型自動車の取得税が一〇％から五％へ引き下げられた。また、一〇〇余りの各種の行政手数料が停止された。二〇〇九年も二〇一〇年も自動車が爆発的に売れた年であるが、減税の効き目は大きかっただろう。二〇〇九年の自動車販売台数は一三七九万台（うち個人保有の乗用車は四五八万台）であり、世界最大となった。二〇一〇年も一八二六万台だ。

二〇一一年にも、前の二年ほどではないが、財政は引き続き拡大的である。中央と地方を合わせた財政支出は一〇兆九〇〇〇億元となり、二〇一〇年からの伸び率は二〇％である（財政赤字は五〇〇〇億元）。中国政府としては経済成長率をゆるやかに下げ、インフレを抑える構えであるが、それにしては財政が拡大的に過ぎている。

金融面でも拡大の規模は「ものすごかった」と言うしかない。すぐには信じられないほど大きい。

中国では、中央銀行である中国人民銀行が市中の銀行に対して一年間の新規貸し出し額をガイドラインとして示している。厳格ではないが、このガイドラインは大体において守られるのがふつうである。しかし、市中の銀行がそれを無視する場合もある。

銀行にとっては、金利が規制され、基準貸し出し金利がいつも基準預金金利よりも三％ほど高くなっていることは、大きな収益源である（金利も人民銀行が決めており、どの銀行でも同じである）。そこでつねに、貸し出しを最大限に伸ばそうとする誘因がある。

二〇〇九年はじめ、中国人民銀行は市中の銀行全体として、新規貸し出し額を「七・五兆元」とするガイドラインを示した。二〇〇八年末の銀行貸し出し残高は五三・八兆元であった（中国人民銀行のＨＰ）から、七・五兆元の新規貸し出しはそれが一三％も増えることを意味した。しかも、二〇〇九年の新規貸し出しの実績は九・六兆元となり、七・五兆元というガイドラインをはるかに超えてしまった。借り入れをどんどん増やしたのは、不動産開発業者、個人（住宅ローン）、それに地方政府である。人民銀行が市中の銀行に「どんどん貸してよろしい」と言ったので、銀行も「七・五兆円」は守らなくてもいいだろうとなったのである。

二〇一〇年はじめにも、人民銀行は一年間の新規貸し出し額を「七・五兆元」とするガイドラインを示した。二〇〇九年と同じように、主な貸し出し先は、不動産業者、個人、地方政府である。市中の銀行はガイドラインを比較的よく守ったが、それでも新規貸し出しの実績は七・九五兆元となった。

二〇一〇年一〇月、人民銀行は金利の引き上げを始めた。一般物価と不動産価格の上昇が激しくなったためである。この時点でようやく金融は引き締めの体制に入った。あと知恵であるが、二〇〇九〜二〇一〇年の金融をゆるめすぎたという反省はあるだろう。

大インフレが始まった

以上のような強烈な財政と金融の拡大によって、実質ＧＤＰは二〇〇九年に八・九％、二〇一〇年に一〇・四％伸びることとなった。これだけを見ると隆々たる経済成長であり、中国政府の要人が胸を張るのもわからぬではない。

しかし、成長を維持するためにかかるコストの大きさもはっきりしてきた。一般物価と不動産価格の上昇が激しくなったのである。

二〇一〇年、消費者物価の上昇率は七月までの半年間は三％程度（前年比）であったが、八月には三・五％であり、一一月には五・一％にまで高まった。一二月も四・六％と高かった。二〇一一年前半にも、六％を超える高いインフレが続いていた。

これは中国では社会不安を引きおこすほど高いインフレと見られている。消費者物価指数の三分の一は食料品であり、そのウェイトは大きい。その食料品の価格が一〇％も上がるようになったことが最大のインフレ要因である。食料品は簡単には生産を増やせないので、価格が上がりやすいのだ。低所得者にとっては、生活費に占める食料品の割合は高く、三分の一よりもはるかに上なので、食料品価格の高騰は大きな打撃である。品目にもよるが、価格が突然二〇％も三〇％も上がることは珍しくない。

二〇一〇年には、中国南部が天候不順に見舞われ、穀物や野菜の生産が減った。これは一時的要因であるから食料品価格の高騰は間もなく終わるだろうとも言われたが、そうはならなかった。また、食料品以外で居住費や光熱費の値上がりも目立った。ガソリンやディーゼル油も値上がりした。多くの産業で過剰設備があるのに物価がこれほど上がったのは、財政と金融の拡大策をやり過ぎたためである。これを目標のオーバーシュートと言う。

経済が明らかにインフレ的となり国民の不満が強まると、政府が行うのは金融政策の引き締めである。中国人民銀行（中央銀行）は、二〇一〇年の一〇月と一二月、そして二〇一一年の二月と四月と七月に、基準金利を〇・二五％ずつ引き上げた。

「基準金利」は、貸し出しと預金について、期間ごとに中国人民銀行が決めており、期間一年が代表的である。二〇一一年春、一年期の貸し出し金利は六・五六％、一年定期預金の金利は三・五％となっている。この金利はかなり高いように見えるが、じっさいはそうでもない。約五％のインフレを差し引くと、実質の貸し出し金利は一％そこそこであり、実質の預金金利はマイナスである。この程度のレベルでは、借金をしても実物資産に投資する方が得、預金をすると損という関係にある。五％を超える高いインフレは、二〇一一年に入っても続いた。しかし、二〇一二年は世界と中国の景気が悪化した年であり、インフレは二・八％に落ちついた。

不動産市場もバブル化した

中国では、一般物価の上昇にすこし先行して、二〇一〇年春から住宅・不動産価格の上昇が激しくなった。これもまた、世界最大級の財政と金融の拡大がもたらした後遺症である。

中国では、国家統計局と国土資源省が不動産販売価格の指数を算出しており、毎月発表している。国家統計局のデータは全国の主要七〇都市の商業用不動産（商業施設とオフィスビル）と住宅の価格を総合したものである。新築だけでなく中古のものも含まれる。商業用不動産の価格と住宅の価格の動きは別々にも発表されるが、それらの動きはおおむね同じなので、通常は「不動産販売価格」という総合指数が使われている。

この不動産販売価格は二〇〇九年六月から前年比で上がり始め、二〇一〇年四月には一二・八％という激しい上昇を記録した。二〇一〇年トータルでは一〇％の上昇となった。その後、上昇率はやや小さくなったが、それでも二〇一〇年末から二〇一一年前半にかけて六〜七％の上昇が続いた。

とくに注目すべきなのは「公寓の住房」、つまり日本でいう分譲マンションの販売価格である。中国の都市では、ほとんどの人が分譲または賃貸のマンション（アパート）に住んでいる。

国家統計局の発表したデータによると、不動産販売価格は、二〇〇七年七・六％、二〇〇八年六・二％、二〇〇九年一・五％、二〇一〇年一〇％と上がってきた。これらのうち、二〇〇九年の一・五％は「低すぎて実感に合わない」と批判されている。この批判を受けて、国家統計局はデータの欠陥を認め、統計のあり方を見直すと約束した。データのとり方には問題があった。

国土資源省は、商業用不動産を除いて新築の分譲住宅（ほとんどは分譲マンションだが、一戸建ても含む）のみの価格の指数を発表しているが、それによると二〇〇九年の上昇率はなんと二五・一％である。二〇一〇年も一二％の上昇である。こちらのデータの方が実感に近い。

いずれにせよ、大都市の住民は都心に近いところ、通勤が三〇分程度ですむところにマンションを購入することが夢である。住宅をもつことは社会的ステータスでもあるから、多くの人は食費を削ってでも住宅ローンを組み、住宅を手に入れようとする。その結果、「住宅奴隷」、つまり「房奴」が生まれている。

しかし、近年の住宅価格の高騰によって、都心に近いところにマンションを買うことはもはや不可能になっている。二〇一〇年一二月に社会科学院が発表したリポートによると、中国の勤労者の八〇％はマンションを買うことを諦めているという。都心近くは無理となれば、郊外のマンションを買うしかないが、通勤に一時間から二時間かかることになる。どうしても都心近くに住みたい人は、高い家賃を払って賃貸マンションに住むしかない。余談であるが、賃料の高いマンションに住むカネのない人は、カプセルルーム型のせまい住宿に住んでいる。

住宅・不動産価格の上昇は、低いレベルからの上昇であれば投資を増やす効果をもつだろう。さらなる値上がりを期待して購入する人が増えるからである。転売するとき、それを買おうという人もいる。しかし、最近のように住宅・不動産価格の絶対レベルが上がってしまうと、買える人は減って、投資が縮小する。現在はその局面に入ってきている（第3章を参照されたい）。二〇一一年に入り、住宅・不動産価格の上昇は鈍り、二〇一二年三月には小幅低下が始まった。二〇一二年全体ではマイナス〇・八％である。しかし、二〇一三年には小幅上昇に戻っている。

このように住宅・不動産バブルの崩壊は間近に迫っていると思われる。日本の経験から考えると、不動産価格は長い時間（たとえば一〇年）をかけてダラダラと下がる。不動産業者は、評価会社を使って価格下落を小さく見せかけたり、販売量を抑えたりするが、下落と止めることはできないだろう。私は二〇一四年からまた下落が始まると見ている。

輸出の急減を固定資本の増加で埋め合わせ

二〇〇九年には輸出額（米ドル表示）が二九％も減り、輸出額から輸入額を差し引いた純輸出は六・四％落ち込んだ。二〇〇八年に、純輸出はGDPの七・七％あったが、二〇〇九年には四・四％にまで縮小した。二〇〇九年の実質ベースでの純輸出のGDP寄与度はマイナス三％程度になったと推定される。

このマイナスを打ち消したものが固定資本投資の急伸であり、名目では三〇・一％も伸びた。この伸びはものすごい。実質では一七％程度とみられ、GDP成長率への寄与度は八％程度となる。これが二〇〇九年の八・九％成長の原動力である。

固定資本投資は、二〇一〇年には名目で二三・八％、実質で一二％程度の伸びとなった。これでも十分に高い伸びである。二〇一〇年が一〇・四％の実質成長となった主な理由は、純輸出の寄与度がプラス〇・六％程度に戻ったことである。こうして、固定資本投資の高い伸びは、純輸出の落ち込みを埋め合わせ、さらにお釣りがくるほどの高い伸びとなった。固定資本投資がどんどん伸びたので、近年、そのＧＤＰに占めるシェアはほとんど五〇％にも達している。世界を見わたしても、ＧＤＰの半分が投資というような国は前代未聞である。

「固定資本投資」とは、中国のＧＤＰ統計では、それは政府投資、企業設備投資、家計の住宅投資の合計である。困ったことに三者それぞれの値は発表されないので、正確な内訳はわからない。しかも、名目額だけが発表されるので、正確な実質値もわからない。

表2　中国のGDPと各項目（名目、2010年）

	金額（兆元）	構成比（％）
GDP	40.15	100.0
固定資本投資	18.4	45.8
家計消費	14.1	35.1
純輸出	1.6	4.0
公的消費	5.3	13.2
在庫投資	1.0	2.5

頭を整理するため、ＧＤＰの構成を表2に示してみた。各項目の金額と構成比が出ている。ここからわかるように、二〇一〇年の名目ＧＤＰは四〇・一五兆元である。このうちの固定資本投資は一八・四兆元でＧＤＰの四五・八％を占めていたが、他のデータから判断すると、そ

の内訳は政府投資二〇％、不動産・住宅投資三〇％、企業設備投資五〇％となる。固定資本投資全体はGDPの約半分であるから、GDPに対する比率をとれば、政府投資一〇％、不動産・住宅投資一五％、企業設備投資二五％である。

これら三つのタイプの固定資本投資の中のインフラ投資と設備投資について、なぜ高い伸びとなるのかを調べてみよう。不動産投資については第3章で論じる。

激増するインフラ投資

まず政府投資であるが、これはいわゆるインフラ、社会基盤への投資である。中央政府による投資を見ると、鉄道と高速道路が目立つ。鉄道の建設と運営は鉄道省が行っており、いまはとくに高速鉄道に力を入れている。二〇一〇年末、高速鉄道は八三六〇キロが完成しており、すでに世界一だが、現在は年に二〇〇〇キロの規模で高速鉄道を建設している。たとえば、二〇一一年六月末には北京と上海のあいだで高速鉄道が開通した。その建設費は二二〇〇億元という巨額であった。中国政府は二〇二〇年までに高速鉄道を一万六〇〇〇キロとする計画だ。

高速鉄道は日本の新幹線によく似ており、日本の技術を多く使っているが、フランスやドイツの技術も導入されている。鉄道省はこれらの国の技術をよく吸収しており、時速三〇〇キロ以上で走る列車がすでにあちこちで運行している。中国の膨大な人口と国土を考えると、高速鉄道の建設は、長期的にはパフォーマンスの高い投資と言えるだろう。

ただし、国民の低い所得を考えれば料金は高めとなる。乗客数は少なく、現在運行されている路線は赤字である。高速鉄道はどんどん建設されるので、赤字は大きくなっている。それを借金と税金で埋め合わせている。多額の借金（二〇一一年なかばに二兆元）までして高速鉄道を増やすのは、それが手っとり早く国威発揚につながるからである。高速鉄道建設は中国にとって政治であり、〝面子プロジェクト〟なのだ。採算ははなから度外視されている。

建設をあまりに急いだため、とうとう二〇一一年七月二三日には温州市で大事故がおこった。落雷で停車していた（と公表された）列車に別の列車が高速のまま追突し、死者四〇人、負傷者二一〇人（と公表された）を出す大惨事となった。これは中国が高速鉄道システムを運行する技術をまだ完成させていないということである。どんなにスピードが速かろうと、安全性がおろそかにされているのでは話にならない。中国鉄道省は高速鉄道の自動制御システム（機器とソフトウェア）をつくれないので、輸入している状態である。けっきょく、本当の事故原因は闇の中に葬られるのだろう。破壊された列車は地中に埋められてしまった。

私がためしに乗ったのは、北京―天津間と上海―杭州間の高速鉄道であるが、日本の新幹線とよく似ていて、快適であった。しかし、安全性はおろそかなのかと思うと、ちょっとこわい。大事故のあと、建設のスピードはかなり減速となりそうである。年に建設費を七〇〇〇億元も支出することになっていたが、これは大幅減額となった。

余談になるが、公共事業は中国では汚職の温床である。最近では、二〇一一年二月に鉄道相であった劉志軍が拘束された。新聞報道によると、その容疑は、高速鉄道の入札にからんで業者から二〇億元（史上最大）の収賄を行ったというものである。過去の例を見ると、大体五〇〇万元を超える収賄を行った官員は裁判で死刑判決を受けている。「もし裁判が行われれば」であるが、劉志軍は四〇〇回分の死刑になってもおかしくない。彼は愛人が一八人いると噂された人物でもある。けっきょく、二〇一三年七月になって裁判が行われたのであるが、判決は「執行猶予つきの死刑」というものだった。これは死刑を執行しないことを意味する寛大な判決である。

驚くというよりあきれてしまうが、劉志軍には劉志祥という実弟がいた。この人物も鉄道省で幹部をつとめていた。ところが、二〇〇六年に収賄の罪で逮捕され、死刑判決（これも執行猶予つき）を受けている。これらの事実は、腐敗が共産党の中枢にまで広がっていることを意味するだろう。

高速鉄道の料金はかなり高いので、いまの勢いで建設していくと、乗客が少なく赤字が続いてしまう公算が大きい。それでも国威発揚のため建設は続く。

高速道路の建設規模も大きく、いまは年に六〇〇〇キロもつくっている。担当しているのは交通・通信省である（ここは郵便事業も担当している）。年に六〇〇〇キロとはすごい規模であるが、いまはどの高速道路も混雑しているので、やはり必要性は高いのだろう。経済効果のほかに国威や安全保障の高揚という効果をねらっているのは高速鉄道と同じである。

中央政府によるこのようなインフラ投資に大きな問題はない。金額的にも約八〇〇〇億元（二〇〇九年）であり、そう大きなものではない。問題があるのは地方政府のインフラ投資である。そこには大きなバブルがある。

地方の道路整備、橋や港や産業特区の建設、ガス管や水道管の敷設、大都市における地下鉄の建設などは地方政府の役割である。地方政府の官僚にとってはその地方のGDPを増やすことが「政績」（政治成績）であり出世の決め手であるから、投資は簡単には止まらないのだ。

最近では、大都市で地下鉄の建設がブームになっている。北京、上海、広州などでは新線の建設が盛んに行われている。また、これまで地下鉄のなかった瀋陽、天津、重慶などでも建設が始まっている。これらのほかにも、二線級の都市が地下鉄をつくり始めている。二〇一〇年末の時点で、なんと三三の都市が国務院に地下鉄建設計画を提出している。

この地下鉄への投資は（すべてとは言わないが）明らかに無駄である。中国人民大学の張明教授によると、地下鉄建設のコストは一キロ当たり三億〜七億元であり、それに加えてもちろん運行・維持のコストが毎年発生する。しかし、料金は低く抑えられる。なので、建設しても毎年赤字が出ることは確実である。

たとえば深圳市の地下鉄の場合、すでに一〇億元の赤字が発生し、二〇一二〜二〇一六年には二二〇億元の赤字が見込まれている。北京や上海で地下鉄に乗るとわかるが、設備は非常にカネがかかっている。それだけに運行コストは高い。

張明教授は、「地下鉄は必ずしも都市の交通問題を解決していない」とも言っている。これは中国の多くの人があまり地下鉄に乗りたがらないからである。大都市の道路がいつも激しく渋滞していることからわかるように、中国人はタクシー（料金は驚くほど安い）やマイカーで移動することを好む。中国人の乗用車保有はどんどん増えているから、将来的には地下鉄の利用者が減っていく可能性がある。そうなれば、地下鉄の過剰と赤字の問題がはっきりすることになるだろう。

上海市の大インフラ整備計画

中国では、北京、上海、広州、深圳、重慶などの大都市はもちろんのこと、中都市も都市インフラの建設に非常に熱心である。中央から大物政治家が地方の都市に視察に来ることはよくある。そのとき、都市インフラが立派にできていれば、大物政治家はその都市の発展ぶりを評価してくれる。地方政府の幹部、とくに市長は面目をほどこすことができ、出世のチャンスは増えることになる。どの地方政府も二〇年計画をつくって都市開発を進めている。

こうして、どの都市もインフラ投資に熱をあげているが、投資の分野としては、すでに述べた地下鉄があり、また高速道路がある。また、多くの地方政府は「産業特区」の建設にも力を入れ、お互いに競っている。

私が驚いたのは上海市の産業発展のための大計画である。上海市は毎年、世界の企業家を招いて諮問委員会を開いているが、二〇一〇年一〇月一〇日に開かれた会合で、市長の韓正は三年間で一〇〇〇億元の投資を行うという計画を発表した。この会合には、デュポン、テスコ、ヴォーダフォン、ダノン、ノヴァルティス、東芝、香港上海銀行など世界的な企業の社長、会長が出席していた。

上海はすでに国際的な金融、商業、産業のセンターであるが、市長の韓正は、今後はIT、バイオ技術、先端的な製造業、新エネルギーなどに注力していくつもりであると述べた。これらの分野を産業として発展させるためには、インフラとイノベーションの文化が必要であり、上海市はそれをつくるのだという野心的な計画である。計画の中には、交通混雑の解消、CO_2排出の削減なども含まれる。(韓正は二〇一二年に上海市共産党委員会の書記に昇格した)。

私の見た上海の工業特区は、北西部にある「嘉定工業区」である。これはすばらしい。広さは八〇平方キロもあり、一〇〇〇を超える企業が何らかの施設をもっている。その中には外資系も数多く含まれている。外資系の有名企業としては、BMWやフィアットの自動車部品製造工場、富士通の電子デバイス製造工場、デュポンの化学品製造工場などがある。これらの企業はたんに製造するだけでなく、研究開発センターをもっている。

この工業区がいま注力しているのはサービス産業、ソフトウェア産業であるが、製造との協働が重視されている。ネットを活用するeビジネスも伸びている。この工業区の管理委員会は、有望なベンチャー企業に金融サポートを与えている。工業区の中には技術サポートを提供する施設もある。たとえば、中国科学院は「上海高等研究所」をおいているし、「上海技術物理学院」もある。研究開発を専門に行う企業も少なくない。

中国のほとんどの都市が、このような工業、産業の特区をもっており、互いに競っている。この方式はきわめて巧みであると高く評価すべきだろう。

国有企業も設備投資を激増させた

すでに述べたように、中国ではＧＤＰに占める固定資本投資の割合は四五・八％もある（二〇一〇年）。この固定資本投資の中で最大の項目は企業による設備投資であり、約半分である。その中には民営企業の設備投資もあるが、大部分（約六割）は国有企業の設備投資である。したがって、国有企業の設備投資は、政府のインフラ投資、住宅・不動産投資と並ぶ三本の柱のひとつである。これらすべての分野で投資は過剰であり、供給（生産能力）と需要のインバランスが大きく膨らんでしまった。

近年、固定資本投資全体は名目（金額）ベースで年に一七〜一八％も伸びてきたが、国有企業の設備投資はそれを上回る伸びとなった。つまりは経済の中で国有企業の存在感が高まっており、「国進民退」がおこったのである。これは市場経済が発展しているという政府の公式説明に反している。

国有企業の設備投資の伸びは高く、民営企業の設備投資の伸びは低い。国有企業の「中糧集団」が民営企業の「蒙牛乳業」の筆頭株主となるというように、市場経済に逆行する動きも増えている。長期的に見れば、国進民退は経済成長にとっていいわけはない。なぜそうなってしまうのだろうか。理由はいくつかある。

基本的条件として、国有企業は基幹産業の中で独占的地位を保障されており、民営企業の自由な参入が許されていないということがある。競争がなく、あっても少数の国有企業のあいだの競争であるから、非効率であっても利益を出すことは簡単である。

これに加えて、国有企業には政府からの補助金が与えられている。共産党と政府はつねに基幹産業の育成計画を実施しており、そこでは財政資金の投入が行われている。たとえば、二〇一〇年一〇月の共産党の中央委員会全体会合においては、新エネルギー産業や電気自動車の開発・発展計画が決まった。こうした計画の中で、参加企業に補助金が与えられている。電気自動車の開発には、「第一汽車集団」、「東風汽車集団」、「国家電網」などの企業が参加しているが、すべてが国有企業である。このような財政資金の投入は市場経済原則に反している疑いがある。

国有企業であることのもうひとつの利点は、四大国有銀行から潤沢な資金を借りられることである。国有企業である以上、倒産はない。おまけに利益がけっこう出ているとなれば、銀行がいくらでも融資したいと思うのは当然である。これとは対照的に、国有銀行は民営企業には冷たく、なかなか融資をしてくれない。中国では資本市場が未発達であるから、設備投資を増やせるかどうかは銀行融資が得られるかどうかにかかっている。

二〇〇八～〇九年の危機を乗りきるためには、それは「国退民進」の絶好のチャンスとし、民営企業の活力を大きく伸ばすという方法もあったはずである。過去への逆行である国進民退となってしまったのは、党・政府に民営化へのおそれがあるためであろう。

中国政府も、多くの産業で設備が過剰になっていることはわかっている。そこで、国有企業に対して、生産能力増強型の投資ではなく、設備近代化型の投資を行うよう指導してはいる。しかし、これら二つのタイプの投資を明確に区別することはむずかしい。したがって、国有企業部門の生産能力は慢性的に過剰となる傾向がある。これでは輸出依存は是正されないし、国民のための内需産業、とくに加工食品産業とか日用品産業が伸び悩むことになる。国有企業の過剰投資はいずれ利益率の低下という形でブレーキがかかるはずである。

地方政府はなぜカネ回りがいいのか

以上でわかるように、地方政府と国有企業はとてつもない過剰投資を行っている。ここで、地方政府の財政収入がどうなっているのかを説明しておきたい。地方政府は財政収入の伸びを上回ってインフラ投資を伸ばしているが、なぜそんなことができるのか、なぜカネ回りがいいのか、不思議である。

その秘密を解いてくれるのが表3である。この表の中で、「財政収入」とは中央政府と地方

表3　中国政府の財政収入と土地収入

（単位：兆元）

年	財政収入	土地収入
2006	3.90	0.70
2007	5.13	1.30
2008	6.13	0.96
2009	6.85	1.42
2010	8.20	2.70

（出所）「中国統計年鑑」、財政省 HP。

政府の合計の税収であり、その半分強は中央政府に入り、半分弱は地方政府に入る。中国の税金はかなり高い。税収は名目ＧＤＰを上回って伸びる傾向があるので、政府の財政にはまだゆとりがある。

しかし、近年ものすごく伸びているのは「土地収入」である。これは地方政府（主に市と県）が土地使用権を不動産開発業者などに売却して得る収入である。とくに二〇〇九年と二〇一〇年には爆発的に増えていることが注目される。二〇一〇年などは二・七兆元に達している。

土地収入については第3章でくわしく論じるが、収入のほとんどは地方政府に入る。地方政府が土地使用権を売却すると、その五％を中央政府に上納し、一〇％を省政府に上納するというのが現在のルールだ。残りは市政府や県政府のものであり、自由に使われている。その大部分はインフラ投資に向けられている。

この土地収入は、地方政府の歳入トータルのうちでいまや四〇％ぐらいを占めるようになっている。多少景気が悪く、税収の伸びが鈍っても、地方政府は自由に土地使用権の売却を増やすことができるので、まったくと言っていいほど困らない。いわば「打ち出の木槌」のようなものなのである。二〇一一年に、不動産会社は一・三四億平米もの土地を買っている。

土地使用権を買うのは主に不動産開発会社であるが、一般企業が工場用地として買うこともある。地方政府は土地を無尽蔵にもっているわけではないので、当然、農民や住民のもつ農地や住宅地を収用することになる。収用するとき、農民や住民に多少の補償費は払われるが、工場用地、マンション用地などとして売却されるときの価格は補償額の数百倍にもなる。だから打ち出の木槌なのだ。

地方政府の財源はまだある。収入ではないが、銀行からの融資である。

二〇一一年まで、地方政府には直接に銀行から借りることは禁じられていた。地方債の発行も原則禁止だった。そこで地方政府は「融資平台公司」と呼ばれる投資会社を設立し、この会社が銀行からどんどん借り入れを増やしているのである。この会社は「都市インフラ開発公社」とも呼ばれている。この投資会社は地方政府と一体であり、地方政府が暗黙のうちに債務保証を与えていると見られている。なので銀行は安心して大胆に貸しこんでいるわけだ。

二〇一〇年末の時点で、地方政府が設立した投資会社の数は一万を超えており、かなり増えている。この数はいまも増え続けている。

地方政府はその投資会社の債務額を開示しないので実態は不透明であるが、二〇一〇年には債務が大きく膨らんだと見られていた。二〇一一年六月になって、中国人民銀行が債務を集計して公表した。それによると、二〇一〇年末の時点で、一万あまりの投資会社の債務は一四兆元という驚くべき大きさになっている。これはGDPの三割強に相当するが、本当にこの程度かどうか疑問も出ている。この巨額債務にいくらの利子を払っているかは明らかにされていないが、年に六〇〇〇億元にはなるだろう。

このように、地方政府の土地売却と銀行借り入れがどんどん増えているので、地方政府のインフラ投資が浪費的になっていることはもう隠しようがない。中国のどの地方都市に行っても、インフラだけはやけに立派であることに気がつくが、その多くは経済価値を生んでいないという疑いをもたざるをえない。

さすがに、中央政府は地方政府の債務の不良化を懸念するようになっており、融資平台の銀行借り入れを抑制するよう指示を出している。ところが、この指示は地方政府によって無視されているのが現状だ。

高成長は終わろうとしている

本章のしめくくりとして、今後一〇年程度の中国経済の成長力を論じてみたい。結論として言えるのは、毎年一〇%というような高成長はもはやありえないということである。

二〇一一年三月、全国人民代表大会は第一二次五カ年計画（二〇一一～二〇一五年）を採択したが、その中で目標とされている年平均の成長率は七%である。少なくともこの計画においては、政府も高成長はもう続けられないことを認めているわけである。この「七％成長」は意外に的確な目標になっていると言えよう。

また、前述のように、二〇一二年一二月の中央経済工作会議は、二〇一三年について成長率目標を掲げることをやめた。

成長率を下げねばならない理由は、いくつでもあげることができるが、私は次のようなものが重要だと思う。

第一に、一般物価のインフレと住宅・不動産価格のバブルを抑えることが最優先の課題となっている。インフレとバブルはほとんどの国民にとって大きな苦痛であり、政府に対する不満は鬱積している。したがって、政府にとっては金融引き締めを継続する以外の選択はない。住宅への投機的投資に対する直接規制も継続するしかない。インフレとバブルには慣性があるので、簡単には鎮まらない。なので、引き締めは長期化し、それによって成長率は下がらざるをえないだろう。

第二に、高成長にともなう貧富の格差と共産党・政府の腐敗が限界にまで高まっている。これを放置すれば、国民は大規模な暴動や騒乱をおこしかねない。共産党首脳にもそれはわかっており、とりあえず問題を緩和するために、成長率を下げ、カネがだぶつくのを抑えようとしている。

第三に、これまでの高成長によって、過剰生産能力、資源の浪費と環境の悪化がはなはだしくなっており、ここからも成長の持続性に疑問が出てきている。これまでの状況を見ると、たんなるＧＤＰ単位当たりの効率化では間に合わないことが明らかである。したがって、ここからも成長率自体の引き下げが必要になってきている。

直観に反するかもしれないが、成長率を下げる（たとえば七％へ）ことは、国民生活にとってはプラスが大きい。なぜなら、それは主に固定資本投資の抑制を通じて実現するからである。

本章でくわしく論じたように、中国のこれまでの高成長は、つねにＧＤＰ以上に増える固定資本投資によって実現してきたものである。すでに述べたように、二〇一〇年の固定資本投資はＧＤＰの四五・八％を占める（二〇〇九年には四七・七％）。この比率は二〇〇〇年には三五・三％であった。この固定資本投資の多くはリターンを生まない非効率なものであり、国民生活の向上には寄与していない。したがって、これが減って成長率が下がっても、国民はいっこうに困らない。

固定資本投資が減ることは、裏を返せば、ＧＤＰの中で家計消費のシェアが上がることである。成長率が下がっても、家計消費はＧＤＰ以上に増えるようになる。これこそが個人消費を中心とする内需主導の経済成長への転換だ。

表2で見たように、二〇一〇年に、家計消費はＧＤＰの三五・一％を占めるにすぎない。この比率は二〇〇〇年には四六・四％あった。よく知られているように、多くの先進国ではこの比率は少なくとも五〇％はある。過剰な固定資本投資を抑えることは、ほとんどの業種に見ら

れる過剰生産能力を整理し、過小な家計消費を是正することにつながるだろう。そう考えると、成長率の下げは中国国民にとって歓迎できるものであるはずだ。

しかし、中国がこのように内容の良い七％成長にソフトランディングする可能性は小さいだろう。現在の中国経済は不安定性を強めている。したがって、インフレやバブルが根治しないまま高成長が続いてしまうというシナリオと、バブルの崩壊が続いて低成長になるシナリオの両方が大きな可能性をもっているだろう。後者はハードランディングである。どちらのシナリオになっても、経済の舵取りはきわめてむずかしいだろう。

今後一〇年の成長見通し

本章で言いたいことは以上で尽きているが、見通しをよくするために、今後一〇年をどう見たらいいのかについてひとこと述べておきたい。ここでは住宅・不動産バブルの崩壊を前提しないで考えてみたい。

一〇年というような長期の成長見通しを考えるためのもっとも単純なフレームワークは、労働力と労働生産性（労働者一人当たりの実質GDP、つまり実質付加価値）の伸び率を使うことである。両者の合計が経済成長率だ。その際、経済全体（マクロ）だけでなく、第一次・第二次・第三次という大くくりの産業ごとのデータも調べておくと役に立つ。このデータを示すのが表4である。

表4　労働力と労働生産性の増加率

（単位：%）

年	労働力				労働生産性			
	マクロ	第1次	第2次	第3次	マクロ	第1次	第2次	第3次
2005	0.8	−4.7	6.9	3.3	9.6	9.9	5.2	8.9
2006	0.8	−4.1	6.3	3.5	10.3	9.1	7.1	10.6
2007	0.6	−3.4	7.3	1.2	12.7	7.1	7.8	15.6
2008	0.7	−2.5	2.3	3.2	8.2	7.9	7.0	6.3
2009	0.7	−3.1	2.7	3.4	8.5	7.3	7.2	5.9

（出所）「中国統計年鑑」。
（注）労働力とは実際に働いている者の人数であり、年末値ベースである。2009年末の値は、第1次産業2億9,710万人、第2次産業2億1,680万人、第3次産業2億6,600万人である。

ここで、第一次産業とは農業、漁業、林業であり、第二次産業とは製造業、鉱業、建設業、電力・ガス・水道業であり、また第三次産業とは運輸・郵便業、卸売・小売業、ホテル・飲食業、金融業、不動産業、その他である。このように、経済を三つの産業グループに分けることはよく行われている。

この表から、いくつかの面白い事実を読みとることができる。

まず、経済全体（マクロ）であるが、近年、労働力の増加率は年に〇・七%にまで下がってきた。かつて一九八〇年代、この増加率は年に三%を超えていたので、どんどん下がってきたわけである。それにもかかわらずGDP成長率が下がらなかったのは、労働生産性の伸びが高まったからである（表中のマクロの労働生産性を見ていただきたい）。

なぜ労働生産性の伸びが高かったのだろうか。その答えは、「第一次産業から第二次、第三次産業へ労働力がどんどん移ったから」である。近年は、農業労働力は年に約三％減っているが、農業にいる約三億人のベースを考えると、年に九〇〇万人もの人が農業でない産業に移っているということだ。

農業の労働生産性の上昇はけっこう高く、七％はあり、これは第二次産業と大体同じである。しかし、年に三％もの労働力を減らすから労働生産性が七％上がるわけであり、もし他産業への労働移動がなかりせば労働生産性はこんなには上がらない。

第二次、第三次産業については、これとは逆のことが言える。農業から九〇〇万人もの労働者を受け入れた上で、六〜七％の労働生産性の上昇を実現している。ということは、労働移動がなかりせば生産性はもっと上がるはずである。

ここから重要な結論が得られる。

第一に、マクロの労働力増加率は、社会科学院も国家改革発展委員会も今後下がると言っており、その下がる分はそのまま経済成長率の低下となる。予測によれば、労働力増加率（年平均）は二〇一一〜二〇一五年に〇・五％であり、二〇一六〜二〇二〇年にゼロ％である。近年の〇・七％との差をとれば、このファクターによる成長率の低下幅が出てくる。

第二に、今後は農業から他産業への労働力の移動がだんだん減っていく。なぜなら、農業の余剰労働力は減っており、また第一次、第二次産業の労働力の吸収力も衰えているからである。

農業労働力の減少率は年三%を維持できず、二%、一%と減っていくだろう。

こうして、マクロと労働力の産業間移動の効果を合わせ、加重平均としてのマクロの労働生産性の上昇率を計算してみると、二〇一〇年代の前半の成長率は八%程度、後半の成長率は七・五%程度となる。これらの数値はそう低いものではないが、これまでのような高成長の風景がかなり違ってくるだろうとは言える(繰り返しになるが、この予測はバブル崩壊のような激変はないという前提をおいている)。

第3章 住宅・不動産の超級バブル

住宅・不動産バブルとはどんな状態か

一九八〇年代後半、日本では巨大な住宅・不動産バブルが発生し、一九九〇年に入ってそれが崩壊した。この巨大なバブルの成長と崩壊によって、その後の日本経済は長期停滞に苦しむことになった。これはたんなる不況ではなく、長期停滞となった。

二〇〇〇年代には米国が巨大な住宅バブルの成長と崩壊を経験したが、それは米国が日本の経験から学ばなかったからである。もちろん米国の経済システムと日本の経済システムにはかなりの違いがあるが、それにもかかわらずバブルは両国で発生し、そして崩壊した。条件さえそろえばバブルはどの国でも発生しうるということだろう。

バブルが成長しつつあるかどうかは、注意深くデータを見ていればわかる。もっとも簡単な第一の判定法は、大ざっぱではあるが、「価格が上がるときに需要は増えるのか減るのか」という基準をあてはめてみることであろう。

ここで「需要と供給の原理」を思いだしてみるといい。通常は、価格が上がれば需要は減り、供給は増える。需要減、供給増は共に価格の上昇を抑制するので、価格が際限なく上がることはないはずである。ところが、バブルが成長していると、価格が上がると需要はかえって増えるのである。「いま買わなければ価格はもっと高くなってしまう」と思うので、買い急ぎがおこる（供給者の方も、「待てば待つほど価格は高くなる」と思い、供給を減らすことがありうる）。バブルがあるかどうか、成長しているかどうかは、この単純な判定法で大まかに判断できる。

中国では、ほとんどの年に、住宅の価格は上昇し、かつ住宅への需要は増えている。「したがって、需要の中には投機的な需要が混じっている」という推測はできる。

しかし、需要とは実需と投機需要の合計である。バブルが存在すると言えるためには、投機需要が混じっているために需要全体が大きく増加し、それに供給の増加が追いつかないために住宅の実質価格（名目価格を一般物価で割ったもの）がどんどん上がっていることを論証せねばならないだろう。

近年、中国では年平均で六〇〇万人強、人口が増えており、これは住宅への実需をひきおこすだろう。加えて、耐用年数の来た住宅をとりこわして新しい住宅に住みかえることから生まれる実需もある。これも住宅価格を押し上げる。

したがって、住宅の販売（需要でもあり供給でもある）の中にどのくらいの投機需要が含まれているのかの見極めが必要である。住宅を買う人は、その住宅を自分で使うのか（実需）、それとも使わないで転売するつもり（投機）なのか、という基準である。じっさいの販売戸数から実需を差し引いた部分が投機需要である。自分で使わない部分は転売による利益がねらいであり、転売までの期間が短ければ投機であり、長ければ金融資産の実質価値をインフレから防衛するための投資であろう（後者も広い意味では投機）。バブルを成長させるのはこのような実需でない需要、つまり投機である。住宅・不動産がよく売れているという場合、その需要が実需なのか投機なのかを見極める必要がある。これが第二の判定法である。

以上二つの基準は、価格が勢いよく上がっているときのバブルの有無の判定に使える。それでは、バブルの崩壊が近づくときにはどんな現象がおこるだろうか。次のような三つの現象がおこると崩壊が近いと考えられる。

（一）身のまわりにいるふつうの人がまったく手が出ないほど、住宅・不動産の価格が天文学的な高さとなる。住宅の場合、国際的な常識は「価格上昇の限度は年収の五倍まで」であるが、バブルのピークともなると、価格はこの限度をはるかに超えてしまう。そうなれば、さらなる値上がりに疑念が出始める。

（二）「住宅・不動産は儲かる」と考え、専門の業者でない企業が住宅・不動産事業に参入してくる。どの企業も「不動産事業部」を設立して、住宅・不動産をつくり供給するようになる。しかし、門外漢、素人であるから、失敗してしまうことが多い。

（三）住宅・不動産の供給が過剰となり、空室が増える。街を歩いていると、あちこちに空室があることに気づく。「入居者募集中」というような貼り紙が目につくようになるわけである。

こうして、住宅・不動産の値上がりの持続性に疑念をもつ人が増えると、一、二のきっかけさえあればバブルの崩壊が始まる。そのきっかけ、あるいはひきがねとなるのは、中央銀行による金利引き上げと政府による住宅・不動産投資の規制強化である。金利引き上げが行われるのは、不動産価格の高騰とインフレがほぼ同時におこるからである。

いったんバブルの崩壊が始まると、価格の下落は長期にわたることが多い。日本ではとくに地価の下落が激しく、かつ長かった。一九九〇年のピークにおいて、土地価格の総額は二四〇〇兆円に達していたが、これが一五年後には一〇〇〇兆円になっていた。同じ時期に、住宅価格は約半分になった。一九九〇年の土地総額二四〇〇兆円は当時の米国の土地総額の四倍（単価では一〇〇倍）というそら恐ろしいことになっていた。

このように住宅・不動産価格が大きく下落するのは、「期待の逆転」がおこるためだろう。値上がり期待が値下がり予想に変わるので、「もっと値下がりしてから買おう」となり、購入は先延ばしされる。すでに値上がり期待で住宅・不動産を買っていた人は、「これ以上値下がりしないうちに売ろう」となり、売り急ぎ、投げ売りが広がることになる。

日本では、金融の緩和が遅れたこともあり、バブル崩壊が企業と銀行のバランスシートを大きく悪化させた。資産価値が下がり、企業は過剰債務を、また銀行は多額の不良債権を抱えこむことになった。これが経済の長期停滞（一九九〇年代半ばから約一〇年間）の主因である。

中国の住宅・不動産バブルの特徴

中国では、二〇〇八年は例外だが、二〇一一年まで住宅・不動産価格の高騰が六～七年も続いており、バブルの成長と成熟がはっきり目に見えるようになっている。データとしては、国家統計局が毎月、全国七〇都市の販売用不動産（住宅と商業用ビル、オフィスビル）の平均価格の前年比を発表している。国土資源省も毎月、新築住宅のみの価格指数を発表している。それらを年単位で示したものが別掲の表5である。

これを見ると、二〇〇四年にはすでにバブルが成長していたことがわかる（それ以前にも小型のバブルがあった）。ただし、このデータはあまり信用されていない。じっさいにはもっと大きな上昇があったと見られている。

国家統計局のデータによると、二〇〇九年の上昇率は一・五％という低いものにとどまっているが、これはデータのとり方がおかしいと批判されており、統計局もその批判を認めて改善を約束せざるをえなかった。二〇〇九年前半にはたしかに下落があった。しかし、国務院の発展研究センターは、二〇〇九年平均の新築住宅の価格上昇率（前年比）は二四～二五％だったと述べている（英

表5　住宅・不動産販売価格の上昇率（前年比％）

年	国家統計局	国土資源省
2004		17.8
2005		14.0
2006	5.5	6.3
2007	7.6	14.8
2008	6.2	0.3
2009	1.5	21.1
2010	10.0	7.1

（出所）国家統計局、国土資源省。
（注）国家統計局の2005年以前のデータは存在しない。2011年の上昇率は鈍化している。国土資源省のデータは新築住宅のみが対象。

文の中国経済の解説書)。国土資源省も、同じ七〇都市のデータを毎月発表している。これは新築の住宅のみ(主にマンション)であるが、こちらの方が実感に近い。どちらのデータも平均値であり、都市によってはこの平均値よりもはるかに高い上昇を記録している。二〇一〇年の上昇率は一〇%であり、非常に高い。

近年、住宅・不動産価格の上昇が強まった結果、価格の絶対レベルはいまや天文学的である。わかりやすい住宅をとってみよう。

北京や上海のわりあい便利なロケーションで、中心部まで通勤に三〇分程度のところにある、床面積一〇〇平米の分譲マンション(中国では「公寓《ゴンユー》」と言っている)をとってみよう。二〇一〇年において、その平均価格は二六〇万元であった(不動産会社調べ)。北京と上海はほとんど同じである。これを買おうとすると、頭金率は三〇%なので、七八万元は現金で用意せねばならない。残りの約一八〇万元を三〇年のローンにすると、年金利は五%程度であるから、毎月約一万元の元利払いが必要となる。

これを返済しつつ生活するには、毎月税引き後で二万元、税込みでは二万五〇〇〇元程度の収入が必要である。しかしこれは、大卒のエリート夫婦が共稼ぎをしてもきわめて実現しにくいレベルである。かりに夫婦を合わせた年収(税込み)が三〇万元あったとしても、マンションの価格二六〇万元はその九倍近い。これではエリート夫婦でもとても手が出ない。なので、もっと収入の低いふつうのサラリーマン夫婦には夢のまた夢である。ふつうの人にとって、マンション価格は年収の三〇倍にもなる（この中で、すでにマンションを持っている人は急にリッチになっている）。

中国の大都市のマンションは、価格が高いだけでなく、一般に質が悪い。これは不動産会社が建設コストを抑えるからである。そのため、高価な新築マンションでも一〇年も経つと古びてしまう。

北京市の場合、中心部（天安門広場）から半経二〇キロぐらいのところに第四環状道路が走っており、そのまわりには一〇〇平米で三〇〇万元ぐらいのマンションが多い。どんな建物か見に行ったことがあるが、遠目では立派に見えるものの、近づくとかなり殺風景である。壁はセメント、玄関ドアはガラスというタイプが多い。内装もカネはかかっていない。近くには小売店がないので、生活の利便性も低いようだ。それでも一平米当たり二万六〇〇〇元もするのである。日本の一〇〇平米のマンションに置きかえてみれば、これは一億円を超える価格となる。

二〇一〇年一二月、政府系の研究所である社会科学院はあるレポートを発表した。それによると、中国の勤労者の八〇％は大都市にマンションを買うことを諦めているという。中国ではマンションの保有は社会的ステータスを示すが、ほとんどの人が住宅保有の夢を断たれている（もちろん、都心から遠いところであれば、まだ安いマンションはある。しかし、それは通勤に不便であり、質も悪い）。このように、多くの住宅が勤労者にはまったく手の出ない価格に上がっているのであるから、間違いなくバブルが存在すると言えるだろう。

社会科学院は同時に、もうひとつのレポートを発表した。これは二〇一〇年九月の時点で、主要三五都市の住宅価格にどのくらいのバブルが含まれるかを調べたものである。実際の価格と比較されるのは、住民の年収などから割り出されるファンダメンタル価格である。このレポートによると、三五都市の平均では実際の住宅価格の三〇%がバブルとされた。北京と上海はバブルの割合がとくに高く、五〇%とされている。バブルは中小都市にまで広がっている。バブルの比率が最大とされたのは福州（福建省）で、七〇%であった。このように、政府系の研究所が住宅バブルの存在を公然と認めているのである。

マンションが異常な高値になる理由は、需要と供給の両面にある。

中国では人口の半分が農村に住んでいるが、都市部へ移動する人口は毎年一〇〇〇万人はいる。そのすべてが都市戸籍を取得して都市の住民になるわけではなく、農村戸籍のまま一時的に都市に居住する人が多い（とくに農民工）。しかしそれでも、彼らは何らかの住みかを必要とするので、住宅への実需となっているだろう。

この実需に加えて、投機あるいは投資としての住宅需要がある。一人で三〜四戸の住宅をもつ人は少なくない。まだ貧しい人が多い中国なのに、一人で三つも四つも家をもつ人がいることは驚きである。企業の経営幹部がカネをもっていることはわかるが、官僚や大学教授のような人も二つめ、三つめの家を買っている。これらの人の収入はあまり高くないが、不動産業者との特別のコネをもっている。

このコネによって価格の大幅な割り引きが行われている。これを目立たないように行うために、正式な売り出し前の販売という方法がある。正式な販売価格が発表される前であるから、低めの価格で売っても批判されることはない。この方法で大儲けしている人がいるのだ。

分譲マンションの高価格の理由は供給側にもある。一〇〇平米のマンションの販売価格が二六〇万元の場合、そこにはたっぷりと不動産会社の利益が含まれており、〝暴利〟と言われている。そして、価格のほとんどは土地の価格であり、その理由は、不動産業者が地方政府から買い取る開発用の土地の価格が高く、また造成費が高いところにある。北京のある有力な不動産業者によると、床面積一平米あたり二万六〇〇〇元のマンションの場合、二万元は土地費用である。ここで、マンション開発のための用地がどのように供給されているかが問題となる。

地方政府が開発用地を供給している

よく知られているように、中国では憲法第六条によって基礎的な生産手段（土地を含む）は公有とされている。「公有」とは、「全人民所有」または「集体所有」を意味する。「集体」とは地方自治体のことであり、農村部の「郷」や「鎮」の農民が集合的に土地を所有していることが多い。ふつうは、市や県は全人民所有の土地の管理を国から任されている。

不動産開発用地をもっとも多く管理しているのは「市」と「県」である。市と県はほぼ同格であるが、県はより農村的である（北京や上海のような省と同格の巨大市の場合には、その中に区と県がある）。市や県は土地を不動産業者に盛んに売却している。北京や上海の場合、その中の「区政府」が主に土地を売っている。正確に言うと、売却されるのは土地そのものではなく、七〇年間の「土地使用権」である。

市や県が土地使用権を売却すると、売却代金の五％は中央政府へ、一〇％は省政府へ上納することになっている。残りである代金の八五％は自由に使えることになる。

主に市と県であるが、すべてのレベルの地方政府の土地売却収入（上納分を含む）は非常に大きい。国家統計局と財政省のデータであるが、それは二〇〇九年に一・四二兆元、二〇一〇年に二・七兆元である。日本円で三〇兆円を超える巨額となっているのである。これを地方政府の税収と比べてみよう。二〇一〇年の税収は四兆元である（中央政府と地方政府の合計の税収は八・二〇兆元）。土地収入の二・七兆元は税収の七〇％にまで増えてきており、いまやこれなしでは地方政府はやっていけなくなっている。

地方政府の土地売却収入は何に使われているのだろうか。住民の立ち退きに対する補償金はわずかであり、その主な使途は土地の整備とインフラ投資である。地方政府が住民のいない更地を管理している場合にはすぐに不動産業者に売却できるが、そういう土地は少ない。たいていは住民がいるので、多少の補償金を住民に払う必要がある。しかし、地方政府は土地代金をインフラ投資に使いたいので、補償金は土地売却収入の五～一〇％程度に抑えられている（国務院の発展研究中心による推計）。これでは農民、住民が怒るのは当たり前だろう。

では、地方政府は不動産業者にどのくらいの広さの土地を売っているだろうか。北京市については、データが「北京日報」二〇一一年一月六日付に発表されたので、これを紹介しておこう。

その記事によると、二〇一〇年に北京市の中の区政府、県政府が、あるいは北京市政府が売却した土地の面積は三〇〇平方キロであり、二〇〇九年に売却した面積（一九五平方キロ）から見ると五四％の増加となった。売却金額は一六三九億元とされているので、一平方キロ当たりでは五億四六〇〇万元となる。これは一平米当たり五四六元であり、ずいぶん安く見えるが、売られるのは裸の土地であり、これを買った不動産業者は、整地、道路づけ、電話線・水道管の敷設などにコストをかける。これらのコストを上乗せすると、土地代は購入価格よりもはるかに高くなるようだ。

二〇一〇年、中国全土で地方政府が売った土地の面積は膨大である。二〇一一年一月七日に北京で開かれた「全国土地資源工作会議」の席上、国土資源省のトップ（徐紹史という）が明らかにしたところによると、それはなんと四二三七平方キロである（前年から一八％の増加）。その金額は二・七兆元であり、前年から九〇％も増えた（「北京日報」二〇一一年一月八日付）。売却面積も増えたが、売却の単価が猛烈に上がっていることがわかる（第2章の表3を参照していただきたい）。

地方政府は土地ビジネスに異常なまでに熱心であり、盛んに「地上げ」をやっている。しかし、多くの場合、地上げされてしまう住民は立ち退きを嫌がる。立ち退きに同意するとしても、低い補償金には不満である。そこで、地方政府と住民とのあいだで紛争が頻発している。地方政府は警察や不動産業者と結託して、住民の電気や水道をとめたり、暴力的に住宅を取り壊したりすることが珍しくない。

住民への補償金が少ないのは、建物の価値だけが補償される決まりになっているためである。中国では住宅の建物部分は安い。ようやく二〇〇一年から、政府は「取り壊し・立ち退き条例」を公布し、補償金が土地使用権の部分もカバーするようにしたが、それがいくらなのかという評価はあやふやなままである。だからいまでも、補償金は低いままである。

地方政府が土地の収用を行うことができるのは、一応の法的根拠があるからである。中国の憲法には、「国家は、公共利益の必要のため、法律にしたがい土地収用を実行してよい」（第一〇条）と書かれている。また、「土地管理法」にも、「国家は公共利益の必要があれば、法にしたがい集体所有の土地を収用できる」（第二条）と書かれている。

この法的根拠は一見もっともらしいが、地方政府が収用する土地が不動産業者に売られ、商業的に開発されて商業用のビルやマンションになるとすれば、そこに「公共利益」があるとは思えない。土地売却代金はインフラ整備にも使われるので地域の発展に役立つと言えるかもしれないが、不動産業者は土地代金と建設コストにたっぷりと利益をのせてビルなりマンションを販売するわけであり、そこにあるのは私的利益だけである。不動産にくわしい評論家で独立エコノミストの東方導は、「不動産価格の三分の一は儲け」と言っている。

根本的に考えてみよう。もともと、市や県が管理している土地は全人民が所有しているものである。農民が集体的に所有している土地も、開発に際しては全人民所有に切り換わる。この「全人民所有」は「政府所有」とは異なることに注意せねばならない。各レベルの政府は、全人民所有の土地をただ管理しているだけである。土地を所有しているのが全人民であるとすれば、土地使用権を誰にいくらで売却するか、どんな開発を行うか、売却代金を何に使うかは、各レベルの地方自治体の人民代表が審議して決めるべきものだろう。また、売却代金の使途についても、人民代表による審議が必要だろう。

だが現在は、地方政府がやりたい放題にやっている。これは憲法違反とも言えるほどの大問題であるが、中国では誰も問題にしていない。「面倒な問題にはフタをしておけ」ということだろうか。

とにかく、土地収用の権限をもつ地方政府にとって、土地の売却は打ち出の小槌のようなものであり、土地使用権を売れることは大きな発見だった。売却が始まった二〇〇三年ごろは金額は小さかったのだが、そのおいしさがはっきりしたので、近年、売却金額がウナギのぼりに増えているのである。

地方政府としては、売却価格をできるだけ高くしようとするので、それが不動産の高値の大きな原因となる。しかし、特定の不動産会社を選んで低めの価格で売却することも多い。便宜をはかれば地方政府の官員に賄賂が贈られると言われている。じっさい、土地売却がらみの収賄で官員の逮捕が頻発している。二〇〇九年にはなんと四万人を超える官員が汚職の罪で摘発されているのである。

不動産開発会社はどう動いているか

これまでのところでは、不動産ビジネスは儲かるとなっている。そこで、不動産業者の数がどんどん増えてきた。

二〇〇九年において、不動産開発業者の数は八万にのぼる。この業界で働く人の数は二〇〇万人となっている（「中国統計年鑑」）。ただし、業者のほとんどは小規模である。ちなみに、私が暮らしていた賃貸マンションの近くにはやたらに仲介業者が多かった。賃貸と売買の仲介のビジネスもかなりあると見受けられた（仲介業者は開発業者とは別）。

不動産業者らしいのは開発と販売を手がける規模の大きい会社である。分譲マンションと商業用ビルの両方の開発を手がけるのがふつうである。

いま中国には、規模の大きい不動産開発業者が約七〇社あるが、その中でもとくに大きいのは四社―万科、ＳＯＨＯ中国、中国海外、保利地産である。トップ会社の「万科」は二〇一〇年に一〇〇〇億元を超える売り上げを実現した。その勢いはいまもとまっていない。その株式は深圳証券取引所に上場されており、活動範囲は北京、上海などの大都市であるが、中小都市にも進出しつつある。各社とも、年に二〇％、三〇％というような売り上げの増加を記録してきており、「万科」などは数年のうちに売り上げを二〇〇〇億元の大台に乗せると言っている。しかし、二〇一〇年四月以降は政府が不動産価格の抑制を始めており、これまでのような開発ビジネスの爆発的な成長は望めなくなっているだろう。

これまでは、「不動産ビジネスは儲かる」ということで、他の業種にいる企業の参入も見られた。たとえば、家電メーカーの「海爾」（ハイアール）、パソコンメーカーの「聯想集団」（レノボ）などのような名前を知られている企業が不動産業を手がけるようになった。二〇〇〇年代半ばの時点で、他業種から参入した企業は約三〇〇にのぼる。その他にも、有名国有企業が目立たないように副業として（すでに所有している土地を使って）不動産業を営むようになっている。ただし、いくら不動産が儲かるといっても、これらの素人企業が簡単に儲けられるほどには甘くない。いちどは参入してみたが、損失を出して結局は撤退したという例は少なくない。これまでの不動産業の高成長は不動産価格のバブル的な上昇に支えられたものだったから、価格上昇が鈍化すると持続しなくなる。

不動産開発業者の最大の仕事は地方政府からできるだけ安く土地使用権を購入することである。地方政府による土地売却は入札を原則としているが、これは厳格には実行されていない。入札が行われる場合にも、入札の資格をもつ業者が当局によって指名されることが多い。この入札資格を手に入れるため、業者は地方政府の官員に各種のサービスを提供するわけである。贈物を贈り、つけとどけをするわけである。なので、入札は出来レースとなる。

業者にとっては、どこの土地が売却されるのか、その土地のまわりでどのようなインフラ整備が行われるのかについての情報を入手することが重要である。インフラが整備されれば、開発する不動産の価値が上がる。

不動産開発業者はできるだけ多くの土地を購入しようとする。しかし、購入した土地の上にすぐに住宅、不動産を建てるわけではない。空地のままにして土地の値上がりを待つのがふつうだ。

こうして、不動産開発業者と地方政府の官員とのあいだに、権益共同体が形成されることになった。発展性の高い土地の購入に成功すれば業者には大きな利益が生まれるが、地方政府にとってもその地方のＧＤＰの増加という〝政績〟が上がる。この癒着ともたれあいの構造はこの上なく強固である。

中国の都市部では、建物の容積率は用地面積に対して一・五から三である。なので、不動産開発業者は所有する土地の面積の一・五倍から三倍の床面積をもつ建物を建てることができる。

さて、めでたく分譲マンションが完成すると、新聞に登記がすんだことが公告され、販売が始まる。通常は五棟とか一〇棟とかの複数の建物がまとめてひとつのエリアに建てられ、そのエリアは「〇〇園」とか「〇〇城」と名づけられる。別掲の図2は、私が「北京日報」（二〇

図2　房屋登記の広告

北京市住房和城乡建设委员会
房屋登记公告

为贯彻《物权法》,维护购房人的合法权益,解决购房人入住多年,无法取得房产证的问题，请下列项目的房地产开发企业在 2011 年 1 月 27 日前到房屋所在地的区县房屋登记部门申请办理房屋登记手续。逾期不申请登记,购房人可按照《关于历史遗留房地产开发项目房屋登记有关问题的通知》(京建发〔2010〕1 号)的规定单方申请房屋登记。现将有关项目公告如下：

序号	房屋坐落	开发企业名称	项目名称	商品房预(销)售许可证号
1	大兴区黄村镇前高米店村	北京九龙房地产有限公司	郁花园东区	京房售证字 439 号
2	大兴区黄村卫星城郁花园东区	北京九龙房地产有限公司	郁花园小区	京房售证字 249 号
3	大兴区黄村卫星城郁花园东区	北京九龙房地产有限公司	郁花园小区	京房售证字 1 号
4	大兴区旧宫镇南郊农场北场居住二期润星家园	北京红星房地产开发有限公司	润星家园	京房售证字(2004)82 号
5	大兴区旧宫镇南场村	北京红星房地产开发有限公司	红星北里小区	京房售证字 811 号
6	通州区五里店	北京中际房地产开发有限责任公司	华兴园	京房售证字 313 号
7	通州区西富河园	北京爱地房地产开发公司	华诚花园	京房市内证字第 429 号
8	西城区西什库大街 28 号院	北京草岚子房地产开发有限责任公司	草岚子危改小区	京房售证字 599 号
9	朝阳区关东店南街 2 号	北京天亚物业开发有限公司	旺座商务中心	京房售证字(并)341 号

（出所）「北京日報」。

表6　不動産開発会社の売り上げと資金調達

（単位：兆元）

年	2008	2009	2010	2011
売り上げ	2.67	3.46	4.30	4.45
借り入れ	0.76	1.14	1.26	1.31
外資	0.07	0.05	0.08	0.08
自己資金	1.53	1.79	2.66	3.50
その他	1.60	2.80	3.30	3.68

（出所）　国家統計局「中国統計年鑑」（2012年版）。

一〇年一二月二四日付）で見かけた公告である。これをよく見てみるとおもしろい（「房屋」とはマンションの一棟であり、「住房」とはマンションの一戸のことであり、ひとつの住房のことを「一套」と数えている）。

不動産開発ビジネスは多額の資金を必要とする。そこで開発業者は銀行からの借り入れに依存することになる。「中国統計年鑑」（二〇一二年版）には、不動産開発業者の売り上げと資金調達の内訳のデータがある。それを表6としてまとめたものを掲げておく。近年、売り上げが急激に増えていることがよくわかる。

この表には示していないが、二〇〇九年末の時点で、業者の総資産は一七・〇兆元であり、借り入れ（負債）残高は一二・五兆元となっている。少なくともこの時点では、総資産に対して借り入れ残高が大きくなりすぎているとは言えない。ただ、今後は売り上げが頭打ち状態になりそうであり、借り入れ返済の負担が重くなるだろうと予想される。

巨額収賄の陰に女あり

地方政府の官員の腐敗は上から下まで相当なものである。収賄事件は無数にあるが、以下ではいくつかの大事件のみを紹介したい。データソースは、「週刊証券市場」の二〇一〇年一一月一三日号の「不動産の貪腐」という特集である。

北京市の副市長といえば地方政府のトップクラスの幹部である。その地位にあった劉志華という人物が、二〇〇六年六月に逮捕されている。二〇〇八年三月には死刑判決を受けた。

劉志華の罪状は、不動産開発業者に多くの土地を安く売ったこと、その見返りとして業者から六九六万五九〇〇元の賄賂をもらったことであった。二〇〇四年九月から、北京市は土地売却を競争入札によって行うこととしたが、それ以前は業者との話し合いで価格を決めることが可能だった。しかし、安値で売って賄賂をとることが許されるものではない。

劉志華には王建瑞という愛人（中国語では情婦）がおり、賄賂のほとんどはこの愛人が受けとっていた。劉志華が直接受けとったのはわずか四八万元だった。つまり、王建瑞は劉志華と業者のあいだで仲介役を演じていたことになる。このように、腐敗官員の陰には愛人がいることが多い。北京という中央政府の足もとにある首都でさえ、こんなことがおこっていたのである。

次に、青島市（山東省）の事件がある。二〇〇六年一二月、青島市の共産党委員会書記であった杜世成なる人物が逮捕された。彼は共産党の中央委員会委員候補でもあったので、党幹部だったと言える。この杜世成に対しては二〇〇八年二月に無期懲役の判決が出た。

その罪状は不動産開発業者からの収賄であり、その額は六二六万元であった。この杜世成にも李薇という名の愛人がおり、この女性は青島市で不動産会社を経営していた。賄賂の大部分はこの女性が受けとっており、杜世成が直接受けとったのは一七〇万元だった。

この事件には、国有企業である「中国石化」の会長であった陳同海という人物もからんでいた。青島市は中国石化が石油精製工場を建てるための用地を開発していたが、杜世成と陳同海が組んでその用地のうちの六六万平米を不動産業者に売ることにした。業者からの賄賂はこの便宜取り計らいに対するものだった。陳同海も業者から巨額の賄賂を受けとっており、彼に対しては二〇〇六年七月に死刑判決が出ている。驚くべきことに、李薇は陳同海の愛人でもあったことがわかった。「開いた口がふさがらない」とはこういうことだろうか。

女は出てこないが、上海市の共産党委員会書記であった陳良宇の失脚も有名な大事件である。上海市書記といえば、将来は共産党総書記や国務院総理もありうる最高ポストのひとつである。これほど大物であった陳良宇は、二〇〇六年九月に逮捕されている。その罪状は、主に不動産業者に上海市が管理する社会保障資金を低利で貸し出したというものであった。不動産開発には巨額の資金が必要であるから、低利融資はありがたいだろう。これ以外にも業者への便宜取り計らいがあった。上海市の社保局と土地管理局の関係者も逮捕された。

陳良宇が賄賂をいくら受けとったかは明らかにされなかったが、事情通のあいだでささやかれていた額は三〇億元という途方もないものだった。彼にはその後、一八年の懲役刑の判決が出ている（彼はいまも北京市の刑務所で服役している）。

地方政府の官員への巨額賄賂は、当然、業者が販売する不動産の価格に上乗せされるだろう。不動産価格が高騰してきた一因はこんなところにもある。

頻発する農民・住民の怒りの行動

これまで、地方政府による土地収用で立ち退きを迫られる農民、住民の怒りの行動は数多く見られ、中国社会の最大の問題のひとつとなっている。抗議の自殺だとか暴力沙汰が頻発している。それらの事件のすべてを取り上げることはとてもできないので、二〇一〇年に限って発生した事件を見ておこう。以下は、二〇一一年一月一三日付の英字紙「China Daily」（国営新聞）に出た事件である。

・三月。湖北省の省都である武漢で、自宅の取り壊しを防ごうとした高齢の女性が生き埋めにされた。

・三月。江蘇省で、豚舎を強制的に取り壊された六八歳の農民とその九二歳になる父親が、抗議のため焼身自殺した。

・六月一日。河南省の鄭州市で、自宅を取り壊しに来たチームに対し、農民の男性がトラックで突っこみ、四人が死亡、一六人が怪我を負った。
・八月。雲南省の昆明市で、立ち退きを説得に来た市政府の官員に対して、住民たちが液化ガスの容器を爆発させ、一〇人が負傷した。
・九月。江西省で、自宅の強制取り壊しに抗議するため、一家三人がガソリンをかぶって焼身自殺を図った。一人が死亡し、二人が負傷した。
・一〇月。黒龍江省の美山市で、一〇〇人ほどの地方政府の官員、警察、不動産開発会社の社員と対決する中で、五六歳の男性が焼身自殺した。
・一二月。江蘇省のある県で、新しい住宅に移動できるだけの補償金をもらえなかった村民たちが、豚舎での生活、路上生活を余儀なくされた。

ことほど左様に、悲劇的な事件が頻発している。二〇一一年以降も同じようなものだろう。立ち退きを迫られる農民、住民は、暴力の行使をも辞さない地方政府に対抗するすべがない状態におかれているので、絶望的な行動に追いこまれ、焼身自殺や服毒自殺までおこっているのである。

強制立ち退きの要求に法的に対抗しようとすれば、訴訟をおこすという方法がなくはない。しかし、中国では裁判所は政府の一部のようなものであり、農民、住民が勝訴する見込みはまずない。

とすれば、残るのは中央政府を運営する「国家信訪局」に駆けこんで陳情することである。この陳情受けつけの役所は天安門広場の近くにある。ところが、この手段も機能しない。この役所のまわりには地方政府が送りこんだ警官が常時目を光らせており、農民、住民が役所に入るのを阻止しているのである。陳情者は拘束され、地元に送り返されることもある。

地方政府に言わせれば、「土地の収用は都市化のために必要であり、都市化は中国の発展のために必要である」ということになるが、そのために暴力まで使うのはどう見ても異常である。政府への国民の申し立ての権利を認める憲法第四一条は完全に無視されている。

中国政府も強制立ち退きや絶え間のない紛争をいいことだとは思っていない。そこで、農民、住民の納得性を高めるための新しい立法を考えてはいる。しかし、それがなかなか発表されない。根本的解決はむずかしいだろう。

不動産価格を抑制するための金融政策

近年の住宅価格の高騰は一般国民を怒らせている。すでに、「持てる者」と「持たざる者」の格差は見え見えとなっている。そこで政府は、住宅・不動産価格の抑制に乗り出さざるをえなくなった。

その政策とは、第一にマクロ的な金融の引き締めである。人民銀行による金融の引き締めは、主目的はインフレの抑制だが不動産投資に回るカネを意図的にしぼろうともしている。近年の政策を振り返ってみよう。

二〇〇三年の消費者物価の上昇は一・二％だったが、二〇〇四年の上昇は三・九％に上がった。そこでようやく、中国は銀行の基準貸し出し金利を引き上げることになった。

二〇〇四年一〇月、中国人民政府は一年期の基準貸し出し金利を〇・二七％引き上げて五・五八％とした。この引き上げの前は、じつに九年間ものあいだ、基準金利は五・三一％に据え置かれていた。一年期の貸し出し金利はこの五・三一％にとどまることが多い。

しかし、このころの消費者物価はそう大きくなかった。二〇〇五年、二〇〇六年とも、一％台半ばである。物価上昇が激しくなったのは二〇〇七年に入ってからである。

二〇〇七年はじめ、消費者物価の上昇は二％（前年比）だったが、年末には六％となった。二〇〇七年全体としては四・八％である。

二〇〇八年一月の上昇はさらに高くなり、七％となった。その後、すこしずつ下がって、二〇〇八年末に二％となったが、これは二〇〇八年秋以降の世界金融危機によるものである。二〇〇八年全体としては五・九％だった。

二〇〇九年に入ると、消費者物価は下落に転じ、前半はマイナス一・五％程度となった。一〇月にはマイナス〇・五％であり、一一月から再びプラスの上昇が始まった。二〇〇九年全体としては〇・七％の下落となった。

消費者物価は二〇一〇年秋までは三％程度の上昇におさまっていたが、秋から五％前後の上昇に加速した。二〇一〇年全体としては三・三％である。二〇一一年全体としては二・〇％である。

不動産販売価格を見ると、近年は消費者物価の上昇を上回る勢いを示してきた。二〇〇八年は六・二％上昇している（国家統計局データ）。ただし、年の後半には下落しており、不安定であった。このときは、各都市で売買額の大幅な落ちこみが見られた。

二〇〇九年は、五月までは小幅のマイナスであったが、六月からどんどん上がり始め、二〇〇九年全体としては一・五％の上昇となった。二〇〇八年後半と二〇〇九年前半の約一年間の不動産価格の下落は、その不安定性の証明になっている。この価格下落は住宅・不動産の販売量の落ちこみを伴っていたが、これは巨大な投機とバブルの存在証明にもなっている。本章のはじめで述べたように、バブルが存在するときには価格が下がると販売量がかえって減るという現象がおこるのである。

二〇一〇年に入ると、不動産価格は騰勢を強め、一〇％前後の上昇となった。こうなるともう手がつけられない。二〇〇九年前半まで価格が下がり、需要も供給も減ったことの反動として、爆発的に需要が増え、価格は急騰した。価格が急騰し、販売量はかえって増えたのであるから、やはりバブルの存在が証明されたことになるのではないか。ようやく、二〇一一年に入って、住宅・不動産価格の上昇率が鈍化し始めた。二〇一一年の前半は六～七％であるが、後半は四％となった。そしてついに、二〇一二年の三月からマイナスとなった。二〇一二年の平均は〇・八％の小幅下落である。

以上のような消費者物価と不動産価格の動きに対して、金融政策はどう対応したのか。それをよく示すのが人民銀行の決める一年期の基準貸し出し金利である。

二〇〇七年は物価上昇が加速したので、定石どおり、一年期の貸し出し金利は六回引き上げられ、年初の六・一二％が年末に七・四七％となった。

二〇〇八年は物価上昇が小さくなった年であるが、年初から年末まで貸し出し金利が五回引き下げられた。七・四七％から五・三一％へ下がっている。年の前半、物価上昇が高いときにも金利が引き下げられたのは不思議であるが、不動産販売へのテコ入れだったのではないかと思われる。弱含みの景気をもちあげる方法としては不動産・住宅投資が速効性をもつからである。

もうひとつの不思議は、二〇〇九年に物価が下落となったのに、五・三一％という貸し出し金利がまったく引き下げられなかったことである。中国人民銀行は五・三一％の貸し出し金利はすでに十分に緩和的と判断していたのかもしれない。

その後、二〇一〇年一〇月になって、基準貸し出し金利が〇・二五％引き上げられた。この時点では物価も不動産価格も急騰していたので、利上げは当然だっただろう。そのあとも、二〇一〇年一二月、二〇一一年の二月と四月と七月に金利が〇・二五％ずつ引き上げられている。その結果、一年期の基準貸し出し金利は六・五六％となっている（一年定期預金の金利は三・

五％）。明らかに、二〇一〇年秋から金融は引き締めに入った。一般物価のインフレへの対応もあるが、不動産市場の過熱にも対応せざるをえなくなったのである。

なお、住宅ローンの金利は、一戸めについては一年期の基準貸し出しの〇・八五倍であり、二戸めについてはその一・一倍となっている。

直接規制が導入された

不動産価格の高騰を抑えるには金融引き締めだけでは足りないことが多いので、第二の政策として、さまざまな直接規制が発動されてきている。

過去においては、二〇〇五年に住宅価格を抑えるための直接規制が行われたことがある。この年の三月、政府は居住し始めてから一年経っていない住宅を個人が転売する場合、売却益の五・五五％の営業税を課税することとした。また、住宅ローンの金利はふつう貸し出し基準金利の〇・八五倍に抑えられているが、これを〇・九倍に引き上げた。さらに、住宅購入の頭金率を二〇％以上から三〇％以上へ引き上げた。しかし、これらの直接規制は非常にマイルドなものだった。

直接規制の原則は、「不動産価格の急騰は抑えねばならないが、その急落はおこさない」ということだろう。住宅価格の急騰は国民の不満を強め、社会を不安定にするので、抑制措置をとらざるをえない。しかし、価格が急落して住宅・不動産投資が落ちこむことも避けねばならないと考えられた。

この原則にしたがって、二〇〇八年秋には不動産市場へのテコ入れが行われている。それは二〇〇五年の規制強化をとりやめ、元に戻すことであった。すなわち、営業税は廃止され、住宅ローン金利の貸し出し金利に対する倍率は〇・七倍となり、頭金率も二〇％に戻った。しかし、この規制緩和によって、不動産価格は再び急騰してしまった。二〇一〇年、不動産市場は過熱し、価格上昇は一〇％にもなった。

本格的な直接規制が始まったのは二〇一〇年四月である。この時点では、住宅ローンの頭金率は二戸め以降は三〇％以上となった（一戸めは二〇％以上）。二〇一〇年九月には、一戸めの住宅の頭金率は三〇％以上、二戸めは五〇％以上となり、三戸め以上には住宅ローンを禁止するきびしい規制が行われることになった。二〇一一年二月からは、二戸めの住宅ローンの頭金率は六〇％に上がった。これは相当にきびしい。

二〇一一年二月には、北京、上海、広州、重慶などの大都市に限られるが、二戸めの住宅を買えるのはその都市に戸籍をもつ人だけとなった。戸籍のない人は一戸のみは買えるが、過去五年間、所得税と社会保険料を納付していることを条件とした（記録の提出が必要）。これも強力な規制である。

さらに、いくつかの大都市で固定資産税が導入され始めた。その内容は都市ごとにすこしずつ異なるが、大まかに言うと、あるサイズを超える大型マンションや三戸め、四戸めのマンションに、購入価格の一％前後の固定資産税を毎年徴収するというものである。これも投機を抑えるために相当の効果をもつ規制と言えるだろう。

これらの直接規制は、ようやく政府が本気になったことを示している。二〇一一年に入ると不動産価格の上昇に歯止めがかかり始めたのである。三月以降、いくつかの都市で住宅・不動産価格の下落が始まっている。北京では、売り出し価格から一〇～二〇％ディスカウントする例が目立っている（二〇一一年春以降）。どの大都市でも、マンションの売れ行きは鈍っており、販売に時間がかかるようになっている。

二〇一一年七月には、北京と上海で、家賃を抑えるための条例がつくられた。これも、住宅価格を抑えるのに政府が本気になっていることを示すものだろう。こうして、二〇一二年三月には全国平均でも小幅ながら下落が始まった。

なお、直接規制ではないが、国務院は各地方政府に対して、二〇一一年には全国で一〇〇〇万戸の「保障性住房」をつくれと命じている（二〇一〇年は五八〇万戸だった）。これは中・低所得者向けの価格の低い、あるいは家賃の低いアパートである。国民の不満をなだめるため、そして住宅価格の高止まりを是正するため、政府は新しくつくられる住宅の戸数を大幅に増やそうとしている。

この政策は、住宅価格の低下を促進するだろう。

政府の本気度は、二〇一一年一月に国務院が各省、各自治区、各直轄市あてに発出した通知

「一部の城市における住宅価格の行き過ぎた上昇の抑制について」によく表れている。この通知の中で、国務院は各地方政府に対して、土地を十分に供給（売却）すること、二〇一一年の保証性住房の供給を一〇〇〇万戸とすること（この目標は達成された）、不動産開発業者の営業利益と個人の住宅転売益への課税を徹底することなどを命じ、住宅価格の抑制・住宅問題の解決に成果をあげることは地方政府の責任であると述べている。このような政府の方針は、その後も堅持されている。

住宅・不動産価格は、二〇一二年三月からゆるやかに下がり始めた。二〇一三年には小幅上昇に戻ったが、大都市の不動産価格に三〇％のバブルがあるとすれば、下落は二〇一四年から四～五年は続くだろうと思われる。これまでの各国の経験を見ると、不動産価格は一気に大きく下がるのではなく、ダラダラと下がっている。

この長期にわたる不動産価格の下落は必ず不動産投資を減らすはずであり、中国経済の成長率は数パーセントは下がることになろう。それが再び増え始めるのは、バブルが完全に消滅したときである。

空室率は上がっている

これから不動産・住宅価格はどんなテンポで下がっていくだろうか。

その行方にとって決定的に重要なのは住宅戸数のストックと空室率である。中国全体として、住宅ストックが過剰となり空室率が上がっていけば、住宅価格を下げる圧力となる。

中国全体を見ると、農村部でも住宅は余っているが、その余剰と価格は問題となっていない。やはり都市部の住宅の方が問題である。全国ではいま住宅ストックが何戸あるかについての正確なデータはないが、これまでの毎年の建設戸数を合計することによって推計することができる。推計してみると、すでに膨大な過剰があることがわかる。以下ではこの推計を行ってみたいが、その前に国家統計局が発表している空室率を紹介しておこう。

その二〇〇八年末の発表によると、同年一〇月末の時点で、商品不動産の空室床面積は一・三三億平米、そのうちの住宅の空室の床面積は六八三五万平米であった。これらは床面積ベースの売れ残りまたは発売待ちの不動産である。六八三五万平米というマンションの空室は、一戸の平均床面積を八〇平米とすると、八五万四〇〇〇戸になる。

国家統計局は二〇一〇年夏にも同年六月末の時点の空室率を発表している。それによると、商品不動産の空室床面積はぐんと増えて一億九一八二万平米である。そのうちの住宅の床面積は一億六四六万平米である。このような空置される床面積の中には多少は売れ残りも含まれているが、主には発売を待っている部分である。二〇一〇年といえば不動産価格が一〇％も上昇した年であり、住宅（マンション）がよく売れた年である。にもかかわらず住宅の空室床面積は一億平米をすこし超えるレベルに増えたとされる。

計算してみよう。住宅の空室を一億平米とすると、一戸の平均床面積が一〇〇平米なら一〇

表7　不動産、住宅の竣工床面積と販売住宅戸数

（単位：億平米）

年	不動産（億平米）	うち住宅（億平米）	販売住宅戸数（100万戸）
2000	18.2	13.5	
2001	18.2	13.0	
2002	19.7	13.4	
2003	20.3	13.0	
2004	20.7	12.5	
2005	22.8	13.3	4.24
2006	21.3	13.1	5.05
2007	23.8	14.6	6.25
2008	26.0	15.9	5.57
2009	30.2	18.4	8.04
2010	27.9	17.5	8.82

（出所）　国家統計局「中国統計年鑑」（2011年版）。
（注）　販売住宅戸数（単位は100万）は不動産開発業者が販売したすべてのタイプの住宅である。2005年より前のデータはない。

〇万戸が空室になっている。平均床面積が八〇平米なら一二五万戸が空室ということになる。だがこの計算は、すぐに「そんなに少ないのか」という疑いを浮上させる。空室面積は増えたとしても、その絶対値の推計は小さすぎる。もっと別の計算を行うべきだろう。その基礎となるデータが表7である（中国統計年鑑）。

私がこの表から計算してみたところ、二〇〇九年末の時点で、中国全土の不動産の床面積は少なく見積もっても三〇〇億平米はある。そのうちの住宅（マンション、アパート、戸建て）の床面積は少なく見積もっても二〇〇億平米ある。

中国には床面積二〇〇平米というような豪邸もあるが、一戸の平均床面積は六五平米という

ことがわかっている。そこで住宅の総床面積を六五平米で割ると、少なくとも約三億戸の住宅があることになる。

不動産とその中の住宅の床面積は、一九九五年から二〇〇九年までの期間、毎年竣工した建物の床面積を単純に合計した。二〇〇〇年以降の竣工床面積は表7に示されている。ここに示されている住宅は、個人が建設業者につくらせたものを含んでおり、不動産業者がつくって販売するものだけではない。二〇〇九年、床面積一八・四億平米の住宅が完成しているが、その評価額は一・九四兆元とされている。ただ、これが何戸になるのかはわからない。

住宅の毎年の総供給戸数は、少なくとも最近の年については推計できる。この総供給戸数から実需と思われる戸数を差し引けば、実需を上回って買われた住宅戸数、つまり投機で買われた戸数がわかる。この投機による戸数はほとんどが空き家（空き室）になっていると見ていい。なぜなら、一人で二戸以上の家をもっている人は、それを賃貸に出すことはまずないからである。賃貸に出せば汚れるし、転売がむずかしくなるからである。

そこで、表7にもとづいて空き家の数を推計してみよう。幸いなことに、不動産開発業者が販売した戸数はわかる。たとえば、二〇〇九年には八〇〇万戸であり、二〇一〇年には八八〇万戸である。しかし、これは総供給戸数ではない。中国では地方政府が低所得者のためにかなりの数のアパートをつくっており（大部分は賃貸に出される）、それは二〇〇九年に三〇〇万戸、二〇一〇年に五八〇万戸である（二〇一一年はじめの国務院発表）。これを先の不動産業者が販売した戸数に加えてはじめて総供給戸数となる。それは二〇〇九年に一一〇〇万戸であり、二〇一〇年には一五〇〇万戸である。

では、実需は毎年何戸あるだろうか。最近までの数年、中国の人口増は年に約六〇〇万人であり、ここから生じる実需はせいぜい三〇〇万戸であろう。これに加えて、古くなった住宅の取り壊し・住みかえがある。中国では土地使用権は七〇年という期間で売られている。これにもとづいて住宅の耐用年数を七〇年とすると、年々、住宅ストックの一・四％、すなわち約四〇〇万戸が住みかえのための実需となるだろう。これを人口増による三〇〇万戸に加えれば、年に七〇〇万戸の実需である。これを供給戸数から引くことができる。

こうして、二〇〇九年には四〇〇万戸、二〇一〇年には八〇〇万戸が、実需を上回って供給されたことになる。これら二年だけでも、一二〇〇万戸の住宅が投機的に買われ、空き家になっている（空き家率は三％強）と推定される。

ざっくり言って、二〇一〇年末には一二〇〇万戸の空き室、空き家があったと推計できる。では、二〇一一年末にはどうなったのか。

二〇一一年、不動産開発業者の販売用住宅は九〇〇万戸であった。また、地方政府のつくる保障性住房は、中央政府の号令によって一〇〇〇万戸に達した。合わせて一九〇〇万戸である。実需は七〇〇万戸と思われるので、一二〇〇万戸が投機的に買われ、空き室、空き家になっているものと思われる。

この一二〇〇万戸を二〇一〇年末の一二〇〇万戸に加えると、二〇一一年末の空き室、空き家は二四〇〇万戸だったことになる。これだけの空き室があれば、住宅価格に下押し圧力が出てくるのは当たり前だろう。

残念ながら、空置されている住宅の正確な戸数はわからない。国家統計局がその気になれば調査は可能であるが、その気はないようだ。住宅市場が冷えこんでしまうような調査はやりたくないというのが本音であろう。

独立エコノミストの東方導は「空置は数千万戸はある」と言っている。彼は電力使用量のデータなどを使っているようであるが、「数千万戸」に確たる根拠があるわけではない。ただ、一二五万戸よりもはるかに多いことだけはたしかである。

局地的には非常に高い空室率を見せている地域がある。それは高額な豪邸が集まっている地域である。「China Daily」の二〇一一年二月二一日付の記事によると、上海の黄浦江沿いの一戸二〇〇〇万元以上の高額マンションは、いまその五〇%が空室となっている。また、天津市の郊外の京津新区の豪邸街では、なんと九〇%が空室となっているという。このように住宅を空けたままにし、賃貸に出さないのは、そのほうが転売しやすいからである。しかし、現在は「豪邸」の転売で儲けることはむずかしくなっている。

不動産価格の下落の銀行経営への影響

中国の都市部では、不動産の価格が今後もゆるやかに下落していくことが予想される。どのくらいの時間がかかるのかは断言しにくいが、二〇一四年から五年で三〇%程度の下落がおこると予想しておきたい。

その場合、不動産開発業者と個人に巨額の貸し付けを行っている銀行の経営に大きな影響が出ることになる。

この影響がどのくらいのものかを推計することは私の手に余るが、好都合なことに、「週刊証券市場」の二〇一一年一月二九日号に推計が発表された。それを紹介して本章の締めくくりとしたい。データはやや古いが、銀行ごとの貸し付け額がわかる。

この推計は、「招商証券」の銀行アナリストである罗毅によるものであり、不動産価格が三〇%下落するケースと五〇%下落するケースを扱っている。推計の前提となるのが表8である。データはすこし古いが、貴重なので掲げておきたい。

この表を見ると、まず二〇一〇年六月末の時点での各銀行の総貸し付け、不動産開発業者向け貸し付け、個人向け住宅貸し付けの額がわかる。各行ごとの貸し付け額は、それぞれの銀行が発表したデータにもとづいている。

この表にある一五の銀行の貸し付け残高の総額は約三〇兆元であるが、二〇一〇年には約一〇%増えている。

表8　各銀行の貸付残高（2010年6月末）

（単位：億元）

	貸付総額	不動産開発業者向け	個人向け住宅ローン
工商銀行	63,544	5,034 (7.9)	10,378 (16.3)
農業銀行	46,240	5,364 (11.6)	6,417 (13.9)
中国銀行	53,919	4,251 (7.9)	10,166 (18.9)
建設銀行	53,494	3,786 (7.1)	10,022 (18.7)
交通銀行	20,706	1,567 (7.6)	2,712 (13.1)
中信銀行	11,928	605 (5.1)	1,468 (12.3)
民生銀行	9,548	1,219 (12.8)	1,061 (11.1)
招商銀行	13,308	1,116 (8.4)	3,033 (22.8)
浦東発展銀行	10,506	1,014 (9.7)	1,642 (15.6)
興業銀行	7,925	795 (10.0)	1,737 (21.9)
華夏銀行	4,890	399 (8.2)	352 (7.2)
深圳発展銀行	3,736	243 (6.5)	613 (16.4)
北京銀行	3,103	412 (13.3)	313 (10.1)
寧波銀行	936	79 (8.4)	210 (22.4)
南京銀行	763	74 (9.7)	68 (9.0)
合計	304,546	25,957 (8.5)	50,191 (16.5)

（注）　カッコの中は貸付総額に対する比率（%）。

ところがその中で、不動産開発業者向けと個人向け住宅ローンの残高は二〇%近くも伸びているのであるからすごい。ただし、これは不動産市場が過熱した二〇一〇年のことであり、いつまでも続くものではないと思われる。

銀行の貸し付け全体の中で、住宅・不動産向けの貸し付けが突出して高く伸び、全体に占めるシェアが高まっている。これはバブルが成長するときに必ずおこる現象である。

表8にある一五の銀行は中国の主な銀行を網羅しており、銀行全体の傾向を代表している。この表の合計のところを見ると、不動産開発業者向けは二・六兆元、個人向けは五兆元であり、両者の合計七・六兆元は、貸し付け全体（三〇・五兆元）の中で二五％を占めるまでになっている。これは危険なレベルである。

これまでバブルを発生させてきた国を見ると、この比率が三〇％を超えるときがバブルのピークであり、間もなくバブルが崩壊している。現在の中国はその状態にあるように見える。

銀行アナリストの罗毅は、もうひとつ表をつくっている。繁雑になるのでその表をここに引用することはしないが、「かりに住宅・不動産価格が三〇％下落したらこれらの銀行の不良債権はどのくらい増えるか」を計算したものである。三〇％の価格の下落は二〇一一年におこるという想定であるが、それはおこらなかった。しかし、二〇一四年から数年かけておこっても結果はほとんど同じであろう。

罗毅は、「不良債権の増加は小さく、利益は一〇％程度の落ちこみですむ」と結論している。三〇％の価格下落がおこるとき、不良債権比率の上昇は、不動産業者向け貸し付けについては三％、個人向け貸し付けについてはわずか〇・五％と想定されているからだ。

住宅・不動産価格の下落は二〇一二年三月にすでに始まっている。しかし、前年同月比でわずか〇・四％のマイナスである。その後マイナス幅は大きくなり、二〇一二年全体の下落は二％となった。これは「バブルがはじける」という表現からイメージされるような激しい下落ではないが、価格が下がり始めていることは事実なのである。

中国のＧＤＰの中では、個人の住宅投資が約一〇％を占め、商業用不動産（商店やオフィスビル）への投資が約五％を占める。二〇一〇年までは、このＧＤＰの一五％部分が年に一〇％強で伸びて、ＧＤＰ成長率に一・五％分の寄与を行っていた。二〇一二年あるいはそれ以降、住宅・不動産投資の増加はなくなると予想されるので、一・五％分の経済成長が失われることになる。これは直接効果だけである。

不動産価格がダラダラと下がっているので、富裕層を中心に、家計消費にもマイナスの影響が出ているようである。この間接効果も考えねばならない。

不動産バブルの崩壊の経済へのマイナスは非常に大きい。これは日本や米国の経験から確実に言えることである。不動産開発会社の自己資本が毀損され、そこに貸しこんでいる銀行の不良債権が大きくなる。株価も下がることになる。

いま、中国のほとんどの銀行の不良債権比率は一％台なかばであるが、じっさいはもっと高い。中国の銀行は本当のデータを開示していないのである。ただでさえ不良債権比率が高いのに、不動産バブルが崩壊すれば事態は深刻になると見ておくべきだろう。

日本では、一九九〇年代末に銀行の不動産関連の貸し付けの不良資産化がピークに達した。貸し付けの約四〇％が不良資産となったのである。中国でもこれに近いことがおこるのではないだろうか。欧米の経済誌の中には、一〇兆元を超える不良債権を予想しているものもある。

中国の銀行が過去において二回経験した不良債権の膨張も参考とすべきだろう。

その一回めは一九九七～九八年であり、一九九三年ごろからの不動産価格のバブルとインフレに対して金融引き締めが行われた結果として投資会社などの倒産が発生したことによる。このときは、一九九八年に四大国有銀行に対して政府から資本注入が行われた。

二回めは、不動産関連ではない国有企業への貸し付けが不良化した。その原因は二〇〇〇年前後に行われた国有企業のリストラであり、政府はリストラにともなう赤字を財政支出で穴埋めする代わりに、国有銀行に対して貸し付けを増やして支援するよう命じた。結果的にはそれが大きな不良となった。二〇〇三年末において貸し付け総額に占める不良債権の比率は、もっとも高い農業銀行で三一％、もっとも低い建設銀行でも九％となった。四大国有銀行を合わせて、不良債権の額は二兆元に達した（これに対して、政府は外貨準備から四五〇億ドルを引き出し、資本金として注入した）。

すでに、バブルが崩れ不良債権が増えるのに備えて、二〇一一年に入ってから中国の銀行は自己資本の増強を行うようになっている。この資本増強は、劣後債や転換社債の発行という形をとっている。主要行の発表を見ると、その金額は合計で四〇〇〇億元にもなる。いま、主要行の自己資本比率は一〇％そこそこであり、これは国際的に見ると低い。融資をどんどん伸ばせる状態ではないのである。

バブルはどのように崩壊するのか

現在の中国では、住宅・不動産バブルが存在することはたしかである。このバブルは二〇一二年にすこし下がり、二〇一三年にはすこし戻したが、今後四～五年にわたってゆるやかに下がる可能性が大きい。

このバブル崩壊はどの程度の規模と期間となるのかが問題である。政府や人民銀行の説明は、「インフレとバブルはコントロールされた形で抑制されている。また、個人部門の住宅ローン負債はさほど大きくない。金融引き締めと住宅投機の規制は続くだろうが、バブル崩壊というような激変はおこらない」というものである。都市部への人口の流入が続いており、住宅・不動産への需要がまだ増えているという指摘も行われている。さらに、二線級以下の地方都市では、住宅価格はまだ安いという事情もあげられている。

私もこの見方に同意したい。中国バブルの大崩壊をひそかに期待していた人もいるだろうが、それはおこりそうにない。

二〇一二年のインフレは二・八％に落ちついており、その後も三％程度で続いている。物価が三％上がる中で住宅・不動産価格が二％下がれば、実質的には五％の下落である。これが五年間続けば、約三〇％と見られるバブルは解消するだろう。これがもっともありそうなシナリオだと思われる。

ゆるやかなバブル崩壊とはいえ、その影響は小さくない。すでに述べたように、その直接効果だけでも成長率を一・五％削減することになるからである。

けっきょく、住宅・不動産バブルがどのくらい崩れるのかは、政府が現在の抑制策を堅持するかどうかにかかっているだろう。人民銀行による金融引き締めは堅持されている。これは二〇一一年に入っても五〜六％という消費者物価の上昇がおこったからである。二〇一一年前半には、住宅・不動産価格も六〜七％上昇していた。二〇一二年に入ってインフレは落ちついたが、金融引き締めのスタンスは変わっていない。問題は先に述べたような住宅購入に対する直接規制である。

国務院（とくに国家発展改革委員会）は、公式には不動産バブルの存在を認めていないが、二〇一〇年四月以降に住宅購入に対する直接規制を強めてきた。二〇一一年にも不動産価格の上昇は続いており、政府は直接規制を堅持する姿勢を変えていない。政府の意図を読むことはむずかしいが、おそらく、その目標は不動産価格のゆるやかな下落であり、それが始まるまで直接規制を変更することはないだろうと推測される。

第4章　国民生活の現実

国民生活の何が問題なのか

本章は、現在の中国の社会、国民生活に生じている諸問題を論じようとするものである。多くの問題が未解決のまま残されている。

一九七九年に始まった「改革と開放」の政策によって、その後三〇年、経済は年平均で一〇%近い成長を実現してきた。それによって、貧困者の数は大きく減り、中産階級と呼べるような人々の数がかなり増えたことは事実である。多くの人は、この点で中国は大きな成果をあげたという印象をもっているだろう。

しかし、中国の国民生活の実態を知れば知るほど、「大きな改善」という印象は間違いであることがわかってくる。全体としては、中国はまだまだ貧しい国であり、貧困が根強く残っている。

経済が高成長すればするほど、それに取り残される人も増える傾向となる。とくに中国の場合には、大企業と中小企業とのあいだの賃金格差、企業の中での経営幹部と一般従業員のあいだの給与格差がどんどん拡大してきた。なので、平均としては国民所得は年に一〇%程度は上がってきたが、まったく上がらない人も多い。国家統計局の推定によると、二〇〇七年のジニ係数（所得再分配後）は〇・四七であり、世界でもっとも高い国のひとつとなっている。

所得分配の不平等がどんどん拡大している社会においては、税と社会保障給付による所得再分配の仕組みをしっかりつくっておくことが重要である。ところが、中国ではこの仕組みが非常に弱い。そこで近年は、国民のあいだの所得格差が大きな社会問題になっている。この所得格差はいまの中国社会を不安定なものとしているが、その実態は十分には明らかにされていない。政府は実態の調査をほとんどやっていないが、それは実態が明らかになると国民の批判が強まるからである。

この所得分配の不平等はいまの中国の第一の社会問題と言えようが、これと密接に関連して、いま二億人を超える膨大な数の農民工の問題も大きい。

言うまでもなく、農民工とは農村戸籍をもったままで都市へ一カ月以上出稼ぎに出ている人、または本籍地の近くで非農業に従事している人である。前者は「外出農民工」と呼ばれ、後者は「本地農民工」と呼ばれている。国家統計局によると、二〇〇九年末の時点で、前者は一億五〇〇〇万人おり、後者は七〇〇〇万人いる。合計で二億二〇〇〇万人だ。二〇一〇年末時点では二億四〇〇〇万人と推定されている（国家統計局）。ずいぶん増えたものである（彼らのほとんどは製造業と建設業で働いている）。

所得分配の不平等を見るときは、ジニ係数のような計算された数値を見ると共に、貧困者が何人いるのかという絶対数を見ると実感が得られる。中国では「貧困ライン」が一人一年のベースで設定されており（毎年改定される）、これに達しない「貧困者」の数は国家統計局が推定し公表している。それはいいことなのだが、貧困ラインは二〇一〇年に一一九六元、二〇一一年に一五〇〇元でしかない。これは月収ではなく年収である。いくら中国の物価が低いといっても、月に一〇〇元そこそこで一人が暮らせるわけがない。この極端に現実ばなれした基準は貧困者の数の過小評価につながるが、それでも貧困者は一億人いる（二〇〇九年）ことがわかっている。この貧困者数の問題は以下でもっとくわしく論じてみたい。これは重い問題だ。

農民工の問題も論じる必要がある。農民工も広い意味では貧困者であるが、彼らは社会保障給付が受けられないとか、二級国民として蔑視されているとかの問題もかかえており、中国社会の二元化を示している。これも重い問題である。

貧困者があまり減っていないこと、農民工が激増したことは、経済の高成長とウラハラの現象である。しかし、これらふたつの問題については国民の不満が鬱積しており、これ以上放っておけば不満は爆発しかねないところまで来ている。この面からも、経済成長一辺倒の政策には限界が見えてきたと言えるだろう。

なぜ所得分配は不平等化するのか

中国ではなぜ所得分配の不平等が強まってきたのだろうか。

所得分配の不平等の度合いを示すのは「ジニ係数」である。その値はゼロから1のあいだであり、ゼロなら完全平等、1なら完全不平等である。辺の長さが1の正方形を描き、所得の低い世帯から高い世帯の所得比率を左から右に並べてみる。比率は累積させる。

こうして右上がりの曲線が出てくるが、低所得の世帯が多いと、この曲線はなかなか右上に

表９　ジニ係数の推移

年	ジニ係数	年	ジニ係数
改革開放前	0.16	2001	0.40
1980	0.23	2002	0.43
1985	0.34	2003	0.44
1990	0.35	2004	0.44
1998	0.38	2005	0.45
1999	0.39	2006	0.46
2000	0.41	2007	0.47

（出所）　張玉台（編）『迈向全面小康：新的10年』中国発展出版社、2010年。
（注）　張玉台は国務院の発展研究中心の研究者である。

向かって上がっていかない。しかし、高所得の世帯が入ってくると急に右上に向かう。左下から右上へ対角線を描く。所得を累積させて出てくる曲線とこの対角線とのあいだにある面積を二倍したものがジニ係数である。所得分布の不平等が大きければこの面積は大きくなる。

このジニ係数の推移は表９のようになっている。計算を行ったのは国家統計局である。

これからわかるように、これまでジニ係数は相当の勢いで上昇してきた。いまわかっている直近の数値は二〇〇七年の〇・四七であるが、その後はこのレベルから動いていないようである。国家統計局は二〇〇八年以降のデータの発表をやめてしまったが、都合の悪いデータは出さないのが中国のやり方である。

中国政府もこの高いジニ係数をいいこととは考えておらず、是正をめざすと言っている。しかし、是正するには、ジニ係数の上昇の原因を突きとめねばならない。この原因について、中国の研究者は何と言っているだろうか。

国務院（内閣）には「発展研究中心」という研究所があるが、そこから『迈向全面小康：新的一〇年』と題された論文集が発刊されている（二〇一〇年）。政府の研究所から出ているので、政策当局者の考え方を反映していると見ていいだろう。この研究書の第八論文が所得分配の不平等を論じており、興味ぶかい。

この論文は、「所得分配の不平等化の原因はまず低賃金労働に偏した経済拡大と独占的大企業の改革の遅れであり、次いで再分配における税制と社会保障システムの不完全さである」とズバリ指摘している。

低賃金労働とは、いま二億人を超える農民工の問題であり、また小売り業やサービス業で働く膨大な数の店員の問題である。中国ではこれらの単純労働者の数がきわめて多い。そして、農民工の平均月収は二〇一〇年の時点で一六〇〇元でしかない。どんな国でも一定数の単純労働者は必要であるが、中国の場合は彼らの低賃金への依存が構造化しており、その数がなかなか減らない。中国の多くの企業には、ごく少数の経営幹部はいるが、中間管理層がおらず、単純労働者が非常に多い。経験を重ねてスキルが上がり賃金も上がるというシステムにはなっていない。賃金は就職したときのままめったに上がらないので、より高い賃金をもらおうとすれば転職するしかない。

「独占的大企業による改革の遅れ」とは、政府の保護を受ける国有企業と保護のない民営企業のあいだの賃金格差のことだろう。国有企業の活動分野は独占的であり、民営企業の自由な参入は認められていない。したがって、国有企業には独占利潤が発生し、その一部は従業員にも分け与えられている。その結果、国有企業の賃金は高く、民営企業の賃金は低いということになる。

このように、企業内で賃金格差は大きく、企業間でも格差は大きい。これが都市部における所得格差の主な原因であろう。

ところが、中国では、都市部と農村部のあいだの格差も大きい。全体として、農村部はきわめて貧しく、これも中国全体の所得格差を大きくしている（上述の論文はこの点を論じていない）。この格差は、都市部の工業の発展がはやかったこと、農産物価格が低く抑えられていること、そして戸籍制度によって農村から都市への移住が抑制されることによって拡大してきたと言えるだろう。

以上によって、所得分配の不平等の拡大はだいたい説明できる。しかし、これまでほとんど指摘されていない要因もある。それは資本市場と投資機会が高所得の人ほど有利になっているという事実である。

所得の低い人にとっては、かりに貯蓄をしたとしても銀行に預金するという機会しかない。ところが、所得の高い人にとっては投資機会が豊富にある。株式、不動産への投資はあるまとまったカネがなければできないが、リターンは預金よりもはるかに高いだろう。また、大学教育も一種の投資であるが、その必要額は高いので低所得者は子供を大学に送ることが困難である。ちなみに、中国人の圧倒的多数はいまも中卒である。高所得者ならば子供を大学に送ることができるし、場合によっては欧米に留学させることもできる。

子供の高学歴は一般に高収入の職を意味する。子の高学歴、高収入はさらにその子に受け継がれるのがふつうである。その結果、個人というよりもファミリーとしての資産が蓄積されることになる。中国ではこの傾向がとくに強いように思われる。

中国で貧富の格差が拡大し続ける根本的な原因は、第1章でもふれたように、共産党一党支配のもとで、党、政府、国有企業の幹部から成る〝権益共同体〟が形成されていることに求めざるをえない。

中国で金持ちになろうとすれば、まずは共産党の幹部になって権限を手に入れる必要がある。この幹部は、あからさまに賄賂をとることもあるが、家族にビジネスをやらせて、影響力を行使できる企業に取引させることも多い。たとえば、企業に家族ビジネスからのサービスを購入させる。あるいは、企業に家族ビジネスが所有する資産を高値で買いとらせる。どの党幹部も多かれ少なかれこんなことをやっているので、司法や党が腐敗、不正を暴くことはめったにない。

四億五〇〇〇万人の貧困者がいる

ジニ係数はたしかに見るべき数値であるが、もひとつ実感に乏しい。国民生活の現実をとらえるためには、もっと実感を伝えるようなデータが必要だろう。そのようなデータは存在する。人口一人当たりの年間収入によって「貧困」を定義し、この貧困ラインに満たない人の数を数えればいいのである。この貧困者数と総人口（一三億四〇〇〇万人）とを比べれば、国としての貧しさのレベルがわかる。

中国では、「貧困ライン」が年間の人口一人当たりの収入によって定義されており、このラインに満たない人が貧困者とされている。この貧困ラインは、「食うや食わずで生きているだけ」という絶対的貧困である。中国政府（国家統計局）の推定によると、二〇〇九年の時点でこの絶対的貧困者の数は一億人である。しかし、貧困ラインはあまりに低く設定されており、そのため貧困者の数が低く出すぎている。

長いあいだ、「貧困者は農村部だけにいる」と考えられてきたので、政府は近年になるまで農村部だけを調べていたが、これは誤りである。都市部にも貧困者はいる。政府もこれを認め、全国の貧困者数を調べるようになっている。

そこでまず「貧困」の定義であるが、これは一人当たりの年収によって定義されている。ほぼ毎年その額は引き上げられるが、二〇〇七年に一〇六七元、二〇〇八～二〇一〇年に一一九六元だった。二〇一一年には大幅に引き上げられて一五〇〇元である。それでもまだ非現実的な低さである。いくら中国の物価が低いといっても、月に一〇〇元そこそこで生活できるわけがない。生存スレスレのレベルと言えよう。

低すぎる貧困ラインではあるが、このラインでさえそこに達しない人（すなわち絶対的貧困者）は二〇〇九年末の時点でちょうど一億人と推定されている。その内訳は、都市部六〇〇〇万人、農村部四〇〇〇万人である。都市部の方が貧困者が多いことは驚きであるが、実感には合っているような気がする。

中国政府は、この貧困ラインに満たない人には雀の涙ほどの給付金を出している。これは生活保護費のようなものであるが、一人月に六〇元（農村部）あるいは一六〇元（都市部）である。その受給者は約七〇〇〇万人だ。

政府の使っている貧困の定義はあまりにも非現実的なので、国営である英字紙「China Daily」の二〇一〇年一二月二七日付は、社説でこれを批判した。二〇一一年の貧困ラインの一人年収で一五〇〇元は低すぎると批判したのである（国営企業が政府を批判するのは珍しい）。年に一五〇〇元といえば、一日当たりでは六三セントにしかならない。「China Daily」はこんな数値ではなく、国連が採用している一人一日一・二五ドルという絶対的貧困ラインを使うべきだと主張している。そのとおりであろう。

「China Daily」は「一日一・二五ドルを貧困ラインとすると、それに満たない貧困者は何人いるか」と国家統計局に問い合わせた。その答えはなんと二億五四〇〇万人である（これは二〇〇九年時点の数値と思われる）。このデータにもとづくとすれば、中国では五人に一人がいまだに貧困者ということになる。三〇年にもおよぶ経済の高成長にもかかわらず二億五四〇〇万人が絶対的に貧しいのである。

「中国人はまだ貧しい」という話はここで終わりではない。一日一・二五ドルよりは多い収入であっても、月に一〇〇〇元以下で生活している人の数は膨大である。すべてではないが、農民工の大部分がこのカテゴリーに入る。

多くのエコノミストは、二〇一〇年の農民工の月収は平均で一六〇〇元と推定している。もし農民工が独身であれば、月収一六〇〇元は一人でつかえるので貧困とまでは言えないだろうが、妻がいる、あるいは妻と子がいればこれを二や三で割らなければ一人分の収入にならない。二で割るとしても一人当たりの月収は八〇〇元でしかない。これでも絶対的貧困（生存水準スレスレ）とは言えないが、相対的貧困（社会の平均にとどかない）とは十分に言えるだろう。すでに述べたように、二〇〇九年時点で、国連基準による絶対的貧困者は二億五四〇〇万人である。これらの人々のすこし上に、相対的貧困者がおり、農民工とその家族がここに入ってくる。家族数まではわからないが、その数は大まかに二億人と見積もることができよう。となると、大まかにいって、中国には四億五〇〇〇万人の絶対的・相対的貧困者がいることになる。これは驚くべき数値である。

じっさいの中国の庶民の日常生活は、たしかにまだ貧しいところが目立っている。私が賃借していた北京のマンションには中の上ぐらいのクラスの人々が暮らしていたが、このクラスでもふだんの生活ぶりは非常に質素であると見受けられた。観光で日本に来る中国人の派手な買物ぶりが報道されているが、そんなことができる人の数は微々たるものにすぎない。庶民の娯楽といえば、公園に行くとか盛り場を散歩するぐらいしかない。旅行に出たり外食したりできるのは相当にゆとりのある人だけである。

農民工の哀しみ

現在の中国では二億三〇〇〇万人もの農民工がいて、低賃金・単純労働に従事している。彼らは中国の高成長を支える存在であり、中国の労働集約的な産業は彼らなしでは成り立たない。

これまでの一〇年、農民工の数は年に九〇〇万人とか一〇〇〇万人増えている。低賃金ではあるが、農村の農業所得よりはましである。なので、いましばらくは農村から都市への出稼ぎは増えるだろう。ただ、二〇一一年に入って増え方が弱まってきた。農村部の労働力の過剰はさすがに縮小しつつある。そこで、賃金も年に一〇％ぐらいは上昇するようになっている。

賃金が一〇％上がっても農民工に対する需要は盛んであり、需給は逼迫してきた。ということは、労働集約から資本集約、技術集約への産業転換がうまくいっていないということである。中国政府はひんぱんに「産業構造の転換、成長方式の転換」を唱え、「もっと高付加価値の財、サービスをつくろうではないか」と呼びかけている。しかし、それがうまくいかない。低スキルの労働者がたくさんいるので、とりあえずそれを使えとなっている。

産業構造の転換のためには、まずは労働力の教育水準の向上がなければならない。たしかに教育水準は上がっており、大卒者はいまや年に七〇〇万人近くになっている。産業の高度化がおこっているとすれば、これらの大卒者は苦労なしに企業に採用されるはずである。ところが、高成長にもかかわらず、大卒者の就職難が続いているのである。中国の企業には大卒者を卒業時にいっせいに採用するという慣行はない。対照的に、農民工への求人は根強く、彼らは楽々と職についている。ただし、職の安定はない。

また、農民工の暮らしがどんどん改善しているわけではない。彼らは低賃金であるがゆえに求められる存在である。多少のスキルはあるかもしれないが、彼らのほとんどは中卒以下の学歴しかない。賃金の上昇も年一〇%どまりである。平均月収はわずか一六〇〇元であり、ここから住居費を差し引けばいくらも残らない。それでも健気なことに、彼らは収入の三割、四割を故郷の家族に送金している。

念のため、これまで農民工がどのように増えてきたのかを一覧しておこう。表10がそれである。

この表は「外出農民工」（本籍地の外へ出稼ぎに出ている人）のみのデータを示しているが、近年になるほど増え方が激しくなっていることがわかる。このほか、「本地農民工」も大幅に増えている。ここまでの増え方は異常であり、今後もこれが続くわけではないと思われるが、それにしてもすさまじい。その膨大な数からいって、農民工の問題は現在の中国社会の中央に出てきた問題と言わざるをえないだろう。

農民工の生活があまりに悲惨なので、英字紙「China Daily」は二〇一一年一月一一日付で「農民工の権利」と題する社説を書いた。国営新聞ながら、声をあげざるをえなかったのだろう。この社説は次のように言っている。

・二〇一〇年、二億人を超える農民工のうちの一億人は若年層であり、彼らが農村の自宅を離れて都市で働いているため、一六三〇万人の高齢者が自宅にとり残されている。

・農民工は都市の労働者の四〇%を構成しており、中国の経済発展の物言わぬバックボーンとなっている。

・現在の「戸口制度」(戸籍制度)はこの事態に対応するにはあまりに硬直的すぎる。

・ほとんどの農民工は、政府の提供する社会

表10　外出農民工の数

年末	万人
2000	7,849
2001	8,399
2002	10,470
2003	11,390
2004	11,828
2005	12,578
2006	13,212
2008	14,041
2009（6月末）	15,097

（出所）　陳昌盛、許召元および劉培林「以農民工市民化為重点的城鎮化戦略」国務院発展研究中心『転変経済発展方式的戦略的重点』中国発展出版社、2010年。

保障サービスを享受できない（子供を公立学校に送ることができない）。
・彼らは、故郷においては二級国民であり、都市においては住民から見下されている。
・ここではふれられていないが、若年層の農民工の犯罪率が高いことも指摘されている。

「農民工」という言葉は、農村から都市に出稼ぎに出る農民という意味であり、一九八四年に社会科学院がはじめて使った。しかし最近では、農村や農業とまったく関係のない人も増えている。多くの若年の農民工はほとんど農村生活の経験がなく、都市内部で再生産されていた。もっとも悲惨なのは、四〇代、五〇代の農民工で、故郷に妻子を残して都市で四年、五年……と働く農民工だろう。彼らは年に一度、春節のころに故郷に戻るだけである。彼らにはふつうの家庭生活は存在しない。これでは最低限の人権でさえ守られているとは言えないだろう。

農民工の都市における住居も劣悪である。彼らの多くは、雇用主が提供する寮のようなところに住んでいる。この場合、住居費は安いが、大部屋に雑居することになる。そうでない場合は、街中の安宿に長期滞在することになるが、そこはスラムと言っていいような場所である。北京や上海などのきらびやかな大都市でも、一歩裏通りに入れば、このようなスラムがいくらでもある。水道や電気が満足に来ていないような場所である。

農民工の悲惨な生活を極端な形で示したのは、二〇一〇年春におこった連続自殺事件である。広東省深圳には台湾系企業「富士康」の工場があるが、連続的に一四人が飛び降り自殺を図る事件があった（死亡は一一人）。中国のメディアは、寮と工場を往復するだけの単調な生活、長時間労働、人間関係などが自殺の原因であると報じたが、低賃金も原因だろう。

子供を公立学校に送れず、病気になっても病院に行けず、低賃金で長時間働かざるをえない――。これでは将来に希望をもてと言われても無理な話である。

不思議なことに失業者が多い

「中国統計年鑑」（二〇一〇年版）によると、二〇〇九年末の就業者総数は七億七九九五万人となっている。

この総数から第一次産業の就業者二億九七〇八万人を差し引くと、四億八二八七万人となる。これが第二次、第三次産業の就業者である。都市部で働く就業者は三億一一二〇万人というデータも示されている。したがって、約一億七〇〇〇万人は農村部で働く非農業従事者ということになる。

失業者数は九二一万人、失業率は四・三％となっている。これは公式数字であるが、「失業者」は制限的に定義されているので、じっさいの失業者はもっと多い。

中国政府が「失業」という言葉をはじめて使ったのは一九九四年のことである。それまでは「待業」という言葉が使われていた。一九九四年以来、「失業者」は「非農村戸籍をもち、労働年齢内（男一六～五〇歳、女一六～四五歳）であり、労働能力をもちながら職がなく、かつ職を求めており、就職サービス機関に登録をしている者」と定義されていた。

しかし、この定義は明らかに失業者をせまく定義しすぎており、失業者数の過小評価につながった。失業していても登録していない者、企業に籍はあるが一時的に休業し帰休している者が入っていなかった。このような批判があったので、（旧）労働・社会保障省は、二〇〇二年に年齢の上限を男六〇歳、女五五歳に変更し、また二〇〇三年には「就職サービス機関に登録していること」という条件をはずした。この新しい定義によると、一時帰休者は依然として失業者には入らない。

驚くべきことに、このように新しい定義が採用されたあとも、公表される失業率は求職登録のある者のみの登録失業率のままになっている。また、「非農村戸籍をもつ者」という条件はそのまま残っているので、農村戸籍をもつ農民工はそっくり失業者の定義からはずれてしまうのである。ところが、農民工にも失業はありうる。こうして、失業者数の大幅な過小評価はいまも続いている（ただし、「都市部に常住する者」の失業の調査も行われている。ところが、これが公表されたことはない）。

経済の高成長にもかかわらず失業者が多いのは不思議である。なぜそうなるのだろうか。

これはＧＤＰが伸びても雇用があまり伸びないという問題である。近年は、ＧＤＰの一％の伸びに対して雇用の伸びが〇・一％を下回っている。これは裏を返せば労働生産性の伸びが高いということであり、悪いことではないかもしれない。しかし、農民工のような低賃金・低スキルの労働者の数の伸びは高いのであるから、高賃金・高スキルの質の高い労働者の数は、あまり増えていないということにならざるをえない。これは中国に就業構造の高度化がおこっていないことを意味するだろう。

中国では高スキルの技能労働者が不足していると報道されることもある。たしかに、一部にはそういうこともあるだろう。しかし、大卒者の就職難、農民工への旺盛な需要は厳然たる事実である。中国全体としては、産業構造と就業構造の高度化はおこっていないのである。その理由については、次の第5章で論じよう。

失業保険、失業手当はどうなっているのだろうか。中国にも失業保険はある。

現在のシステムは、すべての企業の正規従業員に失業保険への加入を義務づけているが、農民工の加入も認めている。保険料は企業が賃金の二％を払い、従業員は賃金の一％を払うことになっている（農民工は自己負担分の保険料を免除されている）。不幸にして失業してしまうと、賃金の半分程度の失業手当を一年から二年もらうことになる。

「中国統計年鑑」によると、二〇〇九年末の失業保険加入者の数は一億二七一六万人であり、失業手当の受給者の数は四八四万人となっている。約七億八〇〇〇万人の就業者と比べると、失業保険のカバレッジはきわめて不十分である。多くの非正規労働者は加入できていない状態である。ようやく二〇〇八年になって、政府は「就業促進法」を施行し、職業訓練などへの財政支出を増やしはじめている。

大学を卒業しても低賃金・非正規で働いている若者（半失業者と言える）は、中国では〝蟻族〟と呼ばれているが、「China Daily」は二〇一一年一月一〇日付の社説でこの蟻族は全国で一〇〇万人にのぼると推定した。このような若者たちは反体制とならざるをえないだろう。

社会保険システムはあるが低レベル

経済が高成長してきたので、中国では中央、地方共に、政府にかなり潤沢な財政収入が入る。それを使えば、社会保険を充実し、高成長にとり残される人々を助けることはできたはずである。再分配後の所得分配の不平等（ジニ係数）の拡大を抑えることもできたはずである。しかし、政府はそれをどこかに置き忘れてきた。あるいは、成長一辺倒でインフラ投資ばかりに力を入れてきたので、社会保険の充実に回すカネはなかったと言える。

近年、社会保険の整備は進みはじめているが、そのスピードはまだ十分なものではない。なので、ジニ係数の上昇に歯止めがかかったわけではない。中国社会の貧しさが大幅に解消しつつあるわけでもない。

中国では、「社会保険」といえば五つの分野を指すものとされている。養老（老齢）年金、医療、失業、労災、生育（出産と子育て）がそれである。これらのうちの失業保険についてはすでに簡単ではあるが説明した。残りの中では、養老年金と医療がとくに重要である。これら二つの分野が人口の高齢化と深く関係することは言うまでもなかろう。

中国でも人口高齢化は急速に進んでいる。表11は近年の総人口と六五歳以上人口を示したものである。これを見ると、二〇一〇年末に、総人口は一三億四〇〇〇万人、六五歳以上（高齢者）人口は一億一九〇〇万人であり、高齢者の比率は八・九％であることがわかる。

いまのところ、六五歳以上人口の比率は非常に高いわけではない。二〇一〇年代なかばまでは、労働力人口の多少の伸び（年に〇・五％）もある。

しかし、高齢化は急速に進んでいる。中国政府のウェブサイト（http://www.chinapop.gov.cn/workplace/publishedBox）によると、二〇二〇年には高齢者数は二億四八〇〇万人に達し、その総人口に占める割合は一七・二％になる見通しである。

中国の問題は、まだ国が豊かになっていない中で高齢化が急ピッチで進んでいることである。中国ではこの現象は「未富先老」（豊かでないのに老いる）と呼ばれている。中国政府がこれ

表11　総人口と65歳以上人口

年	総人口（万人）	65歳以上人口（万人）	高齢者比率（%）
1990	114,333	6,403	5.6
1995	121,121	7,510	6.2
2000	126,743	8,872	7.0
2005	130,756	10,055	7.7
2009	133,474	11,309	8.5
2010	134,091	11,894	8.9

（出所）「中国統計年鑑」（2012年版）。
（注）人口は年末値である。なお、2009年末の世帯数は3億6,952万であり、総人口のうちの都市住民の数は6億2,186万人（全体の46.6%）である。

に危機感をもつのも無理はない。

では、養老年金の現状はどうなっているだろうか。一九八〇年代なかばまでは、養老年金の制度があるのは国有企業の従業員と中央、地方の公務員だけだった。これ以外の労働者には制度がなかったのである。

一九八四年に、集体企業（地方政府が所有する企業）の従業員、一九八八年には私営企業の従業員にも養老保険が適用されるようになった。ただし、制度の運営は個々の企業ごとであり、社会保険にはなっていなかった。

ようやく一九九一年から、すべての企業が加入する社会保険となった（ただし、非正規労働者は加入していない）。年金を給付するための資金は、企業、従業員、国家の三者が拠出することになっている。現在、企業が払う掛金は賃金の二〇%であり、従業員が払う掛金は賃金の八%である。年金を受けとるためには一五年以上の制度への加入（掛金の支払い）が必要だ。国の財政資金は、年金給付が不足するときのみ投入されることになっており、その額は小さい。こうして、退職年齢（男六〇歳、女五〇歳）となると、ふつうは賃金の六〇%程度の年金をもらう。

この養老年金制度には二つの大きな問題がある。ひとつは、都市部の就業者（二〇〇九年に三億一一〇〇万人）の中で制度に加入している人の割合が五七%と低いことである。もうひとつは、都市部の自営業者（およびその家族）と農村部の農民が制度の対象となっていないことである。現在中国は、養老年金制度に全国民を加入させ、かつ制度を国レベルに一元化しようとしているが、おそらくその実現は不可能であろう。かりに実現するにしても、何十年という長い時間がかかるだろう。

次に医療保険の現状はどうなっているだろうか。社会保険としての医療保険が確立したのはようやく一九九八年のことであり、それも都市住民に限られる。現在、国民医療費は一兆元をすこし超える程度であり、大きなものではない。ただし急速に増えている。

国が支出するのは医療費の二〇％程度であり、やはり大きくない。個人負担は約五〇％であり、各家庭にとっては、これが大きな負担となっている。あとの三〇％は企業や地方政府が負担している。街中の病院をのぞいてみると、いつも人でごったがえしている。待ち時間は長く、医療レベルは高いとは言えない（病院はすべて国営である）。

税率は低く貯蓄率は高い

「中国統計年鑑」によると、都市部住民の一人年間の可処分所得は一万七一七五元、農村部のそれは五一五三元（二〇〇九年）である。ただ農村部といっても、所得の半分以上は農業以外からのものである。

都市部の年間可処分所得を日本円で表せば約二〇万円。三人家族であれば世帯単位では年に六〇万円ほどになる。中国の物価の低さを考えれば、この所得レベルは「なんとかやっていける」ことを意味するだろう。

これはあくまで平均値なので、所得がもっと高い人がいることは言うまでもない。「中流」と呼んでもいいような人々が増えていることはたしかである。

平均的な中国人が神経を使うもののひとつは所得税である。「可処分所得」とは税と社会保険料を差し引き、養老年金のような給付を加えた所得、自由に使える所得である。

中国では税収の主力となっているのは「増値税」（中国版付加価値税、税率は一七％、四分の三は中央政府に入り、四分の一は地方政府に入る）であり、所得税のような直接税のウェイトはまだ小さい。相続税と贈与税はまったく存在していない。したがって、税制は所得分配の不平等を緩和する役割をまったくと言っていいほど果たしていないのである。

それでも、もし所得税が厳正に徴収されていれば、かなり所得格差をならす効果をもつはずである。所得税率は累進的であり、五％から四〇％まで五％刻みに上がるようになっている。基礎控除は月収二〇〇〇元であり、これ以下には課税されない。給与所得者に対しては源泉徴収の形で税がとられる。

しかし、所得税の徴収は厳正に行われていないのが現状である。つまり、所得の捕捉がいい加減なのである。給与所得者だけは源泉でしっかり課税されているが、利子・配当・賃貸料のような財産所得は所得者の申告をまつしかない。ところが、ふつうの人はいちいち申告しない。自営業者にも所得税の納入義務があるが、ほとんど払っていないようである。絶対に申告されないのは官員の受けとる賄賂である。

全体として、所得の高い人ほど真面目に所得税を払っていない。税務署は地位の高い官員のところには調査に行かない。このため、所得税による再分配効果はきわめて弱いのである。

平均的な中国人にとっては、住宅をもつことは社会的ステータスであり、頭金を貯めるため、また購入したあとは住宅ローンを返済するため、無理をしてでも貯金に励むことになる。住宅に次いで貯金の理由となっているのは老後の生活費（年金が不十分）と医療費（医療保障が不十分）である。このため、近年の貯蓄率（可処分所得に対する貯蓄の割合）は三〇％近くにもなっている。この高い貯蓄率は家計にゆとりがあることを意味しない。むしろその逆である。

したがって、家計支出の中で娯楽サービスに回る割合はほとんどゼロである。たまに映画を観るぐらいしかない。あとは公園に行ったり盛り場を散歩する程度である。競馬、競輪のたぐいはいっさい存在しない。家でテレビを見て時間を過ごすことは多いが、チャンネルはすべて国営であり、面白いものではない。ただ、旅行と外食はかなり盛んであると言える。

消費財はまだ「安かろう悪かろう」

これまでの一〇年ほど、ＧＤＰの伸びに対して家計消費の伸びはつねに一～二％低かった。その結果、ＧＤＰに占める家計消費の割合は大幅に下がってしまった。

中国では盛んに家計消費が行われているという印象をもつ人は多いが、それは正しくない。

たしかに、マイカーをもつ家庭は増えているし、洗濯機、冷蔵庫などの普及率は一〇〇％に近い。テレビは一〇〇％を超えている。しかし、これらの普及がそのまま生活の豊かさを意味するわけではない。

乗用車の保有は消費の中では特別の意味をもっている。あまり所得の高くない中国人も、車にだけはカネを惜しまない。無理をしてでも買ってしまうのである。これは住宅とならんでマイカーが社会的ステータスとなっているためである。中国人はかなりの見栄っぱりなのである。しかし、家電のような耐久消費財は「安かろう悪かろう」である。テレビにしても洗濯機にしても、価格が非常に安いので買うのは簡単である。ところが質が悪い。北京で暮らしていたときは、私も毎日テレビを見ていた。中国メーカーのテレビである。しかし、画質と音質が悪いのに閉口した。テレビの価格はせいぜい二〇〇〇元ぐらいまでに抑えられており、もっと価格の高い高級品はほとんど売れない。

街を歩いて人を観察してみる。すぐに気づくのは服装が粗末なことである。どんな服装をしようと自由ではあるが、ほとんどの人（男も女も）はジャンパー姿である。男性のスーツ姿、女性のドレス姿はめったに見かけない。服装にはカネをかけない、というよりかけられないのが実情だろう。

ただ、中国の中で上海は例外的である。中国の都市の中では上海はもっとも所得水準が高く、それなりに洗練されている。人々の身なりはかなり良いし、洒落た店も多い。衡山路の街並みなどはパリにも匹敵する美しさである。カネさえあれば、上海ほど楽しい街はないだろう。

日常的に消費する食料品、日用品についても同じことが言える。

食料品は食品スーパーに行けば山のように積みあげられている。一見すると食生活は豊かであるかのような印象を受ける。米や野菜の価格は驚くほど安い。しかし、価格が安いだけであり、種類は乏しい。大量生産の加工食品が多いので味は二の次である。生鮮食品は少ない。チーズやジャムのようなちょっとした贅沢品は売られていない。文房具はほとんど売られていない。

石鹸、歯みがき、シャンプーのような日用品も、中国メーカーのものはきわめて質が低い。日本人はとても使う気にならないようなものである。ただ、価格だけは安い。所得の高い中国人は、日用品については外資系メーカーのものを使っており、純国産品は人気がない。米国の「P&G」とか日本の「花王」のような全国ブランドは存在しない。外資系メーカーの製品の価格は国産品の約二倍であり、決して安くないのであるが、使わざるをえない。

中国人の消費生活がこのように貧しいのは、家計にゆとりがないことが根本的な理由となっているが、中国がまともな消費財産業を育ててこなかったという理由も無視できない。これまで政府が育てようとしてきたのは、鉄鋼のような素材産業、石炭・石油のようなエネルギー産業、機械製造系の産業、自動車（バス、トラックを含む）産業などの重厚長大産業などであり、食料品、日用品、衣料品などの産業を育てようとしたことはない。ここに一貫して見られるのは民生を軽視する姿勢である。中国経済が中等国家で終わりかねないひとつの理由は、この消費財産業の貧弱さであろう。

中国政府は、二〇二〇年には国民の「ほどほどの豊かさ」を実現すると言っているが、消費財産業を育てようとしないのであるからその言葉は空しくひびく。

私の北京生活は短かったが、そのあいだに中流の中国人の家庭生活を目のあたりにする機会はあった。その生活はきわめて質素であることを実感した。とくに食生活は貧しく、ろくなものを食べていない。おまけに、野菜や果物の〝農薬漬け〟の問題が中国人を悩ませている。農薬がたくさん付着しているので、野菜専用の洗済が売られているほどである。少なくとも、しばらくは水洗いが欠かせないのである。しかし、水道から出てくる水は澄んでいない（飲めない）。

第5章　企業・産業の強みと弱み

企業・産業の高成長を評価する視点

二〇一〇年、中国のGDPが日本を追い抜いて世界第二となったことはすでに広く知られている。しかし、本書ではこの高成長が多分にバブル的な固定資本投資によって推進されており、長くは続かないだろうという理由を述べてきた。

GDPの高成長は、企業・産業の高成長ということでもある。したがって、GDPの高成長に不安定性と脆弱性があるとすれば、企業・産業の高成長にも高成長の持続性を疑わせるような要素があるはずである。もちろん、中国の企業・産業の活力は正当に評価せねばならないが、その爆発的成長だけを強調するのは誤りであろう。要するに、中国の企業・産業の強みと弱みを一体的にとらえることが大切なのである。それがはっきりすれば、中国経済の将来見通しの基礎が得られようし、日本企業の中国戦略も見えてこよう。

かつては公有企業ばかりであったが、いまの中国にはじつに多様な企業がある。企業組織の形としては、国有企業と民営企業に大きく分けることはできるが、この二分法は大ざっぱすぎよう。国有企業のほかに、集体企業（地方政府が所有する企業であり、郷鎮企業はここに含まれる）、株式制企業、私営企業などがある。株式制企業の株式は、国・国有企業がもつこともあるし、私営企業・個人がもつこともある。前者であれば広い意味での国有企業であり、後者であれば広い意味での私営企業である。株式の保有者、出資者についてのデータは乏しく、企業集団は多いので、公表データだけでは誰がその企業をコントロールしているのかはよくわからない。このわかりにくさ、不透明さは中国の大きな特徴である。

少なくとも「工業」については、企業の種類ごとに年間売り上げの公表データがある。そこで、このデータをもとにして国有企業と非国有企業の売り上げを比べ、これまでどのように国有企業が縮小（私営企業が拡大）し、どれだけ市場経済化が進んだかを示す研究が行われてきた。しかし、「非国有」とされる企業の中には国有企業にコントロールされる企業が多くまぎれこんでいるので、国有企業の本当の影響力を過小評価することになる。つまり、市場経済化を過大評価することになる。こういうところに中国企業の分析の落とし穴があるので、注意した方がいいだろう。

私としては、広い意味での国有企業が依然として大きな存在感をもっていることを重視したい。つまり、「市場経済化が大幅に進んだのでいまや中国は立派な市場経済である」という見方——多くの人がこの見方を受け入れている——は誤りなのである。とくに最近数年は、国有・国有系の企業が影響力を増大させる「国進民退」の傾向が強まった。

ふつう、国有企業が幅をきかせるような経済は、官の経営介入によって非効率となり、私営企業の成長は抑えられ、経済は停滞すると考えられている。ところが、中国ではそうなっていない。これは大きな謎であり、以下ではこの謎を解いてみたい。

中国では、外資企業の存在感も大きい。外資企業が中国の輸出の半分以上をにない、国内市場でも高いシェアを維持している。中国政府は内資企業を育てようとしているが、あまりうまくいっていない。このような「外資に支えられた中国産業」という側面はたしかにあるので、その意味についても考えてみることが必要だろう。

中国経済は、第4章で論じたように、全体としてはまだ貧しい。したがって、消費財産業（乗用車のみは例外）は未発展であり、重化学産業、エネルギー産業、不動産・建設業への偏りがはなはだしい。しかし、もっと豊かになるためには、民生関連の産業（サービス業や金融業も含まれよう）がもっと発展する必要がある。また、量的拡大から質の向上への転換が必要となってきたことも明らかである。中国の内資企業がこの方向へ舵を切ることができるのかどうかは、考えてみるべき問題であろう。

どんな種類の企業がいくつあるか

まずは、どんな種類の企業がいくつあり、どのくらいの売り上げをあげているのかを見ておく必要がある。それを示しているのが表12である。

この表は「工業」に限られている。「工業」とは、製造業に採掘業（石炭、石油のような）と鉱物精製業（石油精製のような）を加えたものである。主業務からの年間売り上げが五〇〇万元以上の企業のみがデータに入っている。第三次産業においても、電気通信業、発電業、銀行業のような大企業中心の産業があるが、残念ながら表12のような詳細なデータは公表されていない。しかし、工業のみのデータであっても、中国企業の姿は大体つかむことができる。

表12　工業企業の主要データ（2011年）

	数	粗生産額（億元）	利益（億元）	従業員数（万人）
合　計	325,609	844,269	61,394	9,167
内資企業	268,393	625,852	45,902	6,593
国有企業	6,707	66,673	3,567	591
集体企業	5,365	11,059	864	151
股份合作企業	2,415	4,002	875	47
連営企業	506	1,718	111	16
有限責任公司	58,626	196,177	14,260	2,043
股份有限公司	8,563	83,464	7,648	683
私営企業	180,612	252,326	18,156	2,956
その他企業	3,599	10,434	921	106
港、澳、台資企業	25,952	77,529	5,521	1,205
外資企業	31,264	140,888	9,973	1,369
中外合弁企業	11,673	63,876	5,463	454
中外合作企業	926	2,968	185	31
外資（独資）企業	18,052	68,938	3,894	836
外資股份有限公司	529	4,966	424	46

（出所）「中国統計年鑑」（2012年版）。
（注）主業務からの年間売り上げが500万元以上の企業の調査である。

表12（二〇一一年データ）によると、工業企業の総数は三二万五六〇〇ほどであるが、これまでは急激に減少している。二〇〇四年に行われた「経済センサス」調査では、工業企業の数は一三三万となっていた。数がどんどん減っているのに工業全体の粗生産額（出荷額、売り上げの額とほとんど同じ）はどんどん増えてきたのであるから、一社当たりの売り上げはさらにはや

いスピードで増えてきたことになる。同時に、競争から脱落して廃業したり買収されたりする企業も多かったということになる。

企業の種類と数については次のようなことが言える。

（一）企業の総数は三二万五六〇〇ほどであるが、分類すると、内資企業（約二六万八〇〇〇）、港・澳・台企業（約二万六〇〇〇）、外資企業（約三万一〇〇〇）の三つのカテゴリーに分かれる。当然ながら内資企業の数が最大であるが、二番めと三番めのカテゴリーに入るものの数も相当に大きい。二番めは香港・マカオ・台湾系の外資企業であり、三番めはそれ以外の外資企業である。これらふたつを合わせると広い意味での外資企業となるが、その数は約五万七〇〇〇である。これらの数はかなりのスピードで減っている。

（二）一企業当たりの粗生産額を計算してみると、内資企業二・三億元、港・澳・台企業三・〇億元、外資企業四・五億元となっており、この順に大きくなる。ただし、内資企業の中の国有企業の粗生産額は大きく、平均で一〇億元である。

（三）この表の「国有企業」（一社当たりの粗生産額一〇億元）はせまく定義されており、株式制になっていないものだけをとっている（法人格をもつものともたないものの両方を含む）。財政省によると、二〇〇七年時点で、経済全体で一一万二〇〇〇の国有企業がある。このうち、中央政府が管理するものは二万二〇〇〇であり、地方政府が管理するものは九万である。つまり、国有企業といえども、その大多数は規模が小さく、また「国有」という名称はあるが、実質的に地方政府が管理しているのである。ただし、少数の国有企業は超大型である。

表の中で「国有企業」とされていないものの中に、実質的に国有と見るべきものがあることには注意すべきであろう。すなわち、「有限責任公司」（有限会社）と「股份有限公司」（株式会社）の中に、国あるいは国有企業（あるいはその両方）が出資しコントロールしているものがまぎれこんでいる。この実質的な国有企業が何社あるのか、正確なところはわからないが、わかる範囲でデータを調整する必要がある。株式制になっていればもう国有企業ではないと考えるのは誤りである。

（四）「集体企業」とは地方政府が所有する企業であり、その中の郷鎮企業はよく知られている。その数は少なくなく、経済の中で一定の存在感をもっている。中国の地方政府は企業を地元に誘致することに熱心であるが、さらに自身でも企業を設立している。これらの集体企業も公企業であるが、私営企業と国有企業の中間にある存在と言えよう。

（五）「私営企業」とは個人や私営企業が出資する企業であり、民間企業と考えていい。株式会社、有限会社、パートナーシップがある。私営企業は一八万もあり、全体としては粗生産額も大きい。この点にもとづいて、市場経済化がかなり進んだと考えても間違いではないだろう。

私営企業の多くは、個人企業（自営業者）が大規模化したものか、あるいは中小規模の国有企業が民営化されたものである。私営企業と個人企業を合わせて「民営企業」と言っている。表中の私営企業は少数の個人企業を含んでいるようであるが、従業員が八人以上いる大きめの個人企業を私営企業と呼んでいる。

工業企業だけでなく、また売り上げが五〇〇万元以上というような条件をつけずに、すべての民営企業の数を知ることはできるだろうか。幸いなことにそのデータはある。

中国では、事業を行おうとする法人または個人は、国家工商総局の地元出先機関に登記を行うことになっている。そのデータによると、二〇〇八年において、私営企業（法人）の数は六五七万四一七一（このうち工業に属するのは二〇三万）であり、個人企業の数は二九一七万三三二三である。両者を合わせた民営企業の数は約三五七五万となる。これは膨大な数であるが、個々の企業は零細なものが多いことになる。中国では企業が乱立しており、その数の多さは、強みというよりも困った問題である。法人のみのデータは「中国統計年鑑」に出ている。二〇一一年、全業種で九一九万、うち製造業は二二四万である。このベースでは増加が続いている。

表13　工業企業のカテゴリーごとの粗生産額シェア（%）

年	国有企業	集体企業	股份企業および有限責任企業	私営企業	外資系企業
1980	80.8	18.5	n. a.	0.0	0.0
1985	73.1	25.5	n. a.	0.0	0.4
1990	54.6	35.6	n. a.	5.4	1.9
1995	38.5	37.1	4.1	3.4	15.9
2000	34.9	17.1	12.5	4.5	26.1
2005	15.1	4.4	25.7	22.4	30.2
2009	12.3	1.7	27.9	29.6	27.8

（出所）L. Brandt and T. Rawski (eds.), *China's Great Economic Transformation*, Cambridge University Press の中の Brandt et al. の論文、「中国統計年鑑」(2010年版)。

（注）表12の中の「連営企業」、「その他企業」を含まないので合計は100%とならない。外資系企業は、表12の港、澳、台資企業と外資企業の合計である。

企業の種類ごとの相対ウェイトの変化

再び工業企業に戻ることとしよう。企業を種類ごとに分け、工業の粗生産額の中でそれぞれがどのくらいのシェア（ウェイト）を占めるかを歴史的に調べたものが表13である。

この表の中では企業カテゴリーは五つに分けられている。その中で、国有企業は基本的に表12と同じものであるが、表12の中の有限責任公司の中に含まれている国有独資公司を国有企業に含めている。また、表12の中にある有限責任公司（国有独資を除く）、股份有限公司、股份合作企業の三者を合計し、「股份企業および有限責任企業」と表示している。表13の外資系企業とは、港・澳・台資企業と外資企業の合計である。また、一九九五年までは粗生産額が一〇〇万元以上の企業を対象とし、二〇〇〇年以後は粗生産額が五〇〇万元以上の企業を対象としている。

この表13を見ると、国有企業と集体企業のシェアが大きく低下したことがわかる。これら二者を合計して「公有企業」としてみても、そのシェアは二〇〇九年に一四％にすぎない。一九八〇年にはそのシェアは一〇〇％近かったので、変化が著しい。

この変化とウラハラになっているのが、股份企業および有限責任企業、私営企業のシェアの著しい伸びである。これらふたつのカテゴリーのうちの前者は必ずしも純粋の私営ではないが、一応私営とみなし、四番めのカテゴリーとなっている私営企業と合計してみると、二〇〇九年にそのシェアは五七・五％にまで高まっている。広い意味での私営企業のシェアが工業生産では五〇％を超えているということであり、公有企業の民営化、シェアの縮小というこれまでの政策は一応の結果を出したと言えるだろう。

ただし、公有企業のシェアが一四％にまで落ちたことをそのまま市場経済化の成功と見るのは誤りである。なぜなら、股份企業および有限責任企業の中に公有企業によってコントロールされるものがかなり含まれているからである。これらの企業が公有企業の子会社であればもちろん公有企業と見なすべきであるが、公有企業の出資割合が五〇％未満である場合でも公有企業が経営をコントロールしていることがある。正確な実態はわからないが、股份企業および有限責任企業を純粋の私営と見ることは適当ではない。

表13の中では、外資系企業の存在の大きさにも注目すべきだろう。二〇〇五年から二〇〇九年にかけてやや下がってはいるが、そのシェアは依然として三〇％近い。これは中国の工業生産が大きく外資に依存しているということであり、外資の競争力が依然として強いことを意味している。

中国政府はこの外資依存をいいことだとは思っていないので、近年はこれまでの外資優遇策を整理しつつある。外資系企業にとってこれは大きな政策変更であり、中国政府の一挙手一投足を注視せねばならなくなっている。

政府の方針は国有企業の保護と強化

中国政府の企業に対する政策は、国有企業、私営企業、外資系企業の三つに分けて考えるべきだろう。この中で、政府の方針がもっともよく見てとれるのが国有企業政策である。

一九七九年一二月に「改革と開放」の政策が決定された時点では、ほとんどの企業が国有であったが、それをすぐに民営化しようとはならなかった。当初は国有という形態を変えることなく、経営自主権を拡大するという政策がとられた。しかし、〝親方五星紅旗〟という体質は変わらず、この政策は失敗してしまった。

そこで、共産党・政府は、郷鎮企業のような民営的な企業の拡大をサポートし、私営企業の設立を黙認する政策をとった。これは非国有企業を拡大させることによって国有企業に効率化を迫るという政策である。その結果、国有企業はある程度効率化されたが、大きな変化はおこらなかった。一九八〇年代はまだ計画経済が主流であり、国有企業の根本的改革には踏み切れなかったのである。

一九九〇年代に入ると、ようやく改革の気運が生まれた。一九九二年一〇月の共産党大会において「社会主義市場経済」という表現が正式に採用されているが、このころから国有企業の改革が本格化した。一九九三年には「公司法」（会社法）が制定され、国有（公有）以外の形態の企業を設立することが正式に認められた（二〇〇六年には改正公司法が施行され、監査役会の役割が強化された）。

それでも、「企業は公的に所有されるべきであり、公有企業は私営企業より優れている」という思想は強固であった。この思想が修正されたのは一九九七年春の全人代においてである。この大会において、「いかなる地域、いかなる産業においても公有企業が支配的たるべきである」という思想に代わって、「地域ごと、産業ごとに企業の所有形態は多様であっていい」という思想が承認されている。ただし、「戦略的分野においては国有企業が支配的地位を占めるべきである」という条件がついた。

こうして改革への気運が盛りあがる中で、一九九七年秋に開かれた共産党大会は、明確に国有部門の大小は社会主義経済の性格とは関係がないこと、国有部門は縮小させる必要があることを承認した。その結果として、一九九〇年代末から二〇〇〇年代はじめにかけて、多くの小規模の国有企業は民営化され、また多くの大規模の国有企業は組織を株式制に変えることになった。リストラも行われた。

国有企業の従業員数を見ると、ピーク時の一九八九年には一億人もいた。しかし、以上で説明したような改革のもとで、二〇〇三年末には六九〇〇万人にまで減少した。つまり、約三〇〇〇万人が安定的な雇用を失った。集体企業もリストラ、合理化をやっており、一九八九年に三五〇〇万人いた従業員は二〇〇三年末には一〇〇〇万人にまで減っており、二五〇〇万人が安定的な雇用を失った。

このようにして、たしかに公有企業の縮小は進んだのであるが、これを額面どおりの市場経済化と見ることは誤りである。なぜなら、戦略的に重要な産業では国有企業が依然として支配的な地位を占めているからである。

二〇一〇年の時点で中央政府が管理する国有企業の数は約二万と推定されるが、これらは「央企」と呼ばれている。その中でもとくに巨大なものは一二二（二〇一〇年末）ある。財政省によると、これら一二二のとくに重要な国有企業の総資産は二四・三兆元もあり、二〇一〇年の純利益は八四九〇億元（中央・地方の財政収入の六分の一）、支払った税は一・四兆元にもなっている。この一二二の央企は工業のみに限られない。電気通信、エネルギー、電力などの産業にも巨大企業がある。巨大央企は一〇〇ぐらいまでは減るだろうが、それ以上の減少はないと思われる。

国有企業は政府にとって便利この上ない存在である。政府の政策の手足として使えるし、巨額の利益を稼がせて政府に上納させることもできる。また、共産党上層部の人事を回すための器ともなっている。巨大国有企業の董事長（代表取締役）、大都市の市長、省長、共産党中央委員などの人事はすべて共産党政治局の専管であり、国有企業の経営者として実績を残すとその先にさらなる出世が待っている。中国では央企に限らず政治家との関係を良好に保つことが要求されるが、とくに央企の経営者ともなるとほとんど政治家であり、経営者と政治家の二足のわらじを履いている。政治・政策に密着して行動する見返りとして、国有企業には特権の付与、補助金の交付などの保護が与えられているわけである。国有銀行の融資でも国有企業は優先されている。

国有企業のリストラ、合理化が一段落したところで、二〇〇三年、政府はその管理を一元的に行うため、「国家資産監督管理委員会」（国資委）を設立している。それまで、国有企業の管理は所管する各省が行っていたのである。

この「国資委」が二〇〇六年に発表した、国有企業が支配力を維持すべき産業のリストは、すでに第1章で表1として掲げておいたが、読者の便宜のために再掲しておこう。それが表14である。「支配力」は「絶対的」なものと「比較的強い」に分かれている。

この表を見ると、驚くほどたくさんの産業が入っている。政府が指定しているこれらの産業においては、私営企業はまったく存在できないか、あるいは存在しても主要なプレーヤーには

表14　（表１の再掲）国有企業が優先する産業

国有企業が絶対的支配力をもつべき産業（７産業）	兵器、電力電網、石油石化、電気通信、石炭、民間航空、海運
国有企業が比較的強い支配力をもつべき産業（９産業）	設備製造、自動車、電子・情報、建築、鉄鋼、非鉄金属、化工、測量設計、科技

（出所）「21世紀経済報道」2011年１月１月号。

なれないのである。

すでに述べたように、企業を設立しようとする者は国家工商総局に登記を行わねばならない。法律で禁止されているわけではないが、私営企業が表14にある産業で登記を行おうとしても、なかなか受理してもらえない。なので、はじめから登記をあきらめてしまう私営企業もある。私営企業の数は多いが経済の主流となれない理由はこんなところにもある。

近年の国有企業の急速な拡大は、その経営が市場経済の中で競争力を高めたからおこったとは言えない。むしろ、競争を制限し、活動分野を独占し、政治的に立ち回ることによって拡大しているのである。国有企業の拡大と私営企業の相対的な縮小は、中国経済の長期的発展の持続性にとっては明らかにマイナスであろう。

外資系企業の優遇は終わりつつある

中国政府の企業政策の中でもうひとつ注視すべきなのは外資系企業に対する政策である。

過去においては、中国の内資企業の経営力、技術力は非常に低かったので、条件つきではあるが、外資系企業の優遇が行われてきた。手っとりばやく経済を成長させるためには、外資系企業の力を借りるしかなかった。しかし、多くの中国人は、「外資依存の成長では中国は豊かになれない」と考えている。

「反外資」の急先鋒として有名なのは経済学者の郎咸平（香港の中文大学教授）である。彼は、『新帝国主義在中国』というような本を何冊か出して、ベストセラーにしている。その主張は、「現在の中国経済は外資に侵略され支配されている、それは新しい帝国主義である」という過激なものである。この主張は過激であり誇張が多すぎる。彼はまた、国有企業の民営化に反対しており、「国有企業が非効率というのは神話にすぎない」とも言っている（これは間違い）。しかし、著書がベストセラーになるということは、多くの中国人の心の中に反外資感情が潜在していることを意味するだろう。中国政府もこうした国民感情を無視することはできない。そこで近年は、外資の優遇策を整理するようになっている。外資への依存度を下げようとする姿勢が見えてきている。

外資系企業の誘致が始まったのは一九七九年である。この年、「中外合資経営企業法」が制定されている。その名のとおり、はじめは外資企業と内資企業の合弁事業を原則としたのである。例外は一九八〇年に設立された深圳など四つの市の経済特区であり、そこでは一〇〇％の（独資の）外資企業の設立が認められた（一九八八年には海南も経済特区に加えられた）。

しかし、一九八〇年代には外資はあまり来てくれなかった。なぜなら、合弁事業において外資の出資比率は五〇％未満に抑えられ、董事長は中国人とするという運用が行われたからである。合弁の相手方となる中国企業の経営力の低さに外資が不満をもったということもあった。

ただ、経済特区に進出する外資に対しては規制はゆるやかであり、優遇があった。独資が認められたほか、企業所得税の減免、一部の地方税の減免、輸入する設備や部品に対する関税の免除などの措置がとられた。このメリットは大きいと言える。このころの企業所得税は税率が三三％であった（現在は二五％）が、経済特区では一五％とされた。一九八四年には、大連、温州、福州、天津など一四の港をもつ市が経済開放区として指定されたので、外資が進出できる地域は大幅に増えた。経済開放区では、企業所得税の税率は二四％とされた。

経済特区の一五％という優遇税率は、その後、国家級経済技術開発区の企業、上海浦東の生産型企業、経済開放区の一部の奨励企業、保税区・輸出加工区の生産型企業にも適用されることになった。

さらに、これらの特別区以外に進出した外資系企業に対しても税の優遇がある。それは経営を始めてから一〇年以上が経過した生産型企業に対してであり、利益計上が実現した年度から二年間は企業所得税を免除し、次の三年間はそれを半分とするというものであり、「二免三減」と呼ばれている。

しかし、外資系企業に対しては優遇策ばかりではない。一定の輸出義務があり、また、一定のローカルコンテンツの義務（中国企業のつくる部品を使用する義務）がある。

いろいろやっても外資はあまり来てくれなかった。そこで中国政府は、一九八六年に「外資企業法」を制定して中国全土への一〇〇％の外資の進出を認めることに踏み切った。しかしそれでも、外資の進出がすぐに増えたわけではない。

外国企業がはっきりと中国への直接投資を増やし始めたのは一九九二年である。この年に共産党が「社会主義市場経済」を打ち出したことはすでに述べたが、それにともなって広い範囲で改革が始まったことによって、ようやく外資は中国への進出を本格的に考えるようになったわけである。

二〇〇〇年代に入ると、中国への直接投資は急増し始めた。その理由は、世界貿易機関（WTO）への加入を急ぐため（加入が実現したのは二〇〇一年一二月）、中国政府が外資系企業の活動をもっと自由にすると約束したことにある。じっさいには、二〇〇〇年一〇月から、中外合資経営企業法、外資企業法などを改正し、外資企業の負担を軽くした。具体的に言うと、外資バランス（輸出入の均等）の義務の廃止、政府への生産計画報告の義務の廃止などである。また、ローカルコンテンツの要求、一定の輸出義務は緩和された。二〇〇四年には、指定を受けた企業のみが貿易を行えるという制度も廃止された。

これらの外資優遇策が実を結んで、外資の中国進出は急増し始め、現在に至っている。現在、中国の輸出に占める外資系企業の割合は六〇％近くになっており、中国の巨大な貿易黒字は外資ぬきには考えられない。内資企業への技術の移転、経営ノウハウの移転もかなり進んだと見ていいだろう。

しかし、外資に対する政策は永久に不変ではない。二〇〇八年ごろから、外資の優遇策を縮小、廃止する動きが出てきている。中国政府の中には、「外資優遇をやめても外資は巨大な中国市場を求めて進出し続けるだろう」という自信が見られるようになった。また、中国の私営企業は一貫して、「外資の優遇は不公平である」と主張している。

近年行われた外資優遇策の縮小・廃止は次のようなものである。

・二〇〇八年一月。外資系企業と内資企業の企業所得税率を段階的に同じにする「企業所得税法」の改正法が施行された。
・二〇〇八年八月。外資系企業による内資企業の買収への規制を強化する「独占禁止法」が施行された。
・二〇一〇年一二月。外資系企業に免除していた都市維持建設税と教育費付加制度について、免除をとりやめることとした。

このような外資優遇策の廃止は、外資の集積が進み、内資企業の実力がついてきたという情勢の変化に対応するものである。これは外資系企業にとっては負担増となるが、内資企業と同じ制度のもとにおくという政策を批判することはできない。外資系企業としてはこの大きな事業環境の変化への対応を考えざるをえなくなっている。

中国企業の強みと弱み

ここでようやく、中国企業（内資企業）の強みと弱みを論じることができる。できるだけ公平に、客観的に評価してみよう。もちろん、ひと口に中国企業といっても経営スタイルはさまざまであり、一般論は成り立ちにくいかもしれない。しかし、一般論として言えることはいくつかあるように思われる。とくに、同じ産業の中で競争する企業同士は、行動が似てくるということがあるだろう。

中国企業の最大の特徴であり強みとなっているのは、量的拡大がはやいことである。一般的に中国では需要の拡大がはやい。ほとんど何もない状態から出発したのであるから、とにかく量を増やすことが最優先であり、質は二の次となる。国民の所得はいまだに低いので、価格の高い高級品は売れない。その結果、「安いものを大量につくること」が企業の第一目標となり、それが現在も続いている。

中国企業が量的拡大に邁進してきたため、中国企業の生産量が世界一になっている分野が次々に出ている。たとえば、鉄鋼の生産量は一九九六年に一億トン（粗鋼）となり、日本を抜いて世界一となった。これがどんどん増えて、二〇一〇年には六・三億トンにもなっている。薄型テレビの生産台数は二〇一〇年に五〇〇〇万台であり、二〇〇〇年代はじめに世界一となった（ブラウン管テレビは三〇〇〇万台）。自動車の生産台数は二〇〇九年に一三六〇万台となり世界一となった。二〇一〇年には一八〇〇万台という異常なまでの拡大を見せた（ただし、薄型テレビと自動車については、外資系企業の貢献もかなりある）。さらに、パソコンや携帯電話機の生産量も世界一となっている。もちろん、衣料品、繊維、かばん、靴などの軽工業品の生産も世界一である。

「安いものを大量に」という戦略は中国の市場に適合している。生産規模を拡大すれば、部品の調達も大量となり安く買える。コストが下がり、製品価格も下がるわけである。低賃金労働者をふんだんに使えることも低価格の実現を可能にしている。

「低価格品の大量生産」を可能にしたもうひとつの要素は中核部品の外部からの調達である。安い価格を実現するためには、薄型テレビにおける液晶パネル、自動車におけるエンジンのような中核部品を自社で開発せず、他社（内資企業もあるし外資系企業もある）から買ってしまう方がいい。中核部品の開発は多額の研究開発費を要するからである。この中核部品の外部調達は多くの中国企業がやっていることであり、低価格と大量生産を手っとりばやく実現するには有効な方法である。このやり方が広く採用されているため、中国企業の研究開発費の支出は先進国企業と比べるとはるかに小さい。

丸川和雄教授（東京大学）は、この中核部品の外部調達を中国企業の本質的な特徴と見ており、それを「垂直分裂」と呼んでいる（『現代中国の産業』中公新書）。ふつうは、中核部品は製品のコア部分であり、製品の性能、使い勝手を左右するから、自社で研究開発を行い、自社で内製する。これが「垂直統合」であるが、中核部品の外部調達はその正反対であり、丸川教授はそれを「垂直分裂」と呼んでいる。「垂直分裂」とは聞きなれない言葉であり、私は「垂直分業」という表現を使いたい。「垂直分裂」と言うと、これまで垂直統合されていた企業が中核部品のメーカーと組み立てメーカーのふたつの企業に分離するというイメージになるからである。しかし、はじめからふたつの企業が分かれて存在していることが多い。なので「垂直分業」という表現を使いたい。

中国企業のこの特徴と比べると、日本の製造業企業の特徴は「修正された垂直統合」と言える。ふつう、「垂直統合」といえばすべての部品を企業内でつくり、それで完成品を組み立てることである。ところが、日本の企業は、中核部品は自社で内製するが、それ以外の部品は協力企業から調達するというシステムを採用している。完成品メーカー（親企業）と協力企業は長期継続取引を行うので互いに信頼感がある。このため、企業間分業はあるが、全体としては垂直統合型の生産システムとなる。

さて、中国企業は「安いものを大量につくること」に大きく成功してきたわけであるが、企業の役割は市場に適合することだけにあるのではなかろう。大量につくれば価格競争となり、利益はうすくなる。国民は所得レベルが上がるにしたがってより多様でより高品質の製品を望むようになる。このような市場の変化は中国でたしかにおこっている。だとすれば、企業の役割はより品質の高い新製品を市場に投入し、需要を創出するところにもあるはずである。国民の所得が上がれば上がるほど、企業はこの戦略に重心を移す必要があるはずである。

ところが中国では、この戦略のシフトがうまくいっていないように見える。つまり、低価格・大量生産の実現という強みに問題が出始めているのが現在なのである。これまでの強みが必ずしも強みでなくなりつつある。

中国企業は「低価格・大量生産」体制に適合しすぎてしまったので、そこから脱け出せなくなっているのではないだろうか。

高級品の生産ができない、あるいは不十分という現象は至るところに見られる。

たとえば鉄鋼をとってみよう。「中国鋼鉄工業協会」の首脳自身が「中国企業と世界の先進メーカーとのあいだには大きな格差がある」と認めている。世界の先進メーカーは、自動車用の高張力鋼板やモーターの芯に使われる高級電磁鋼板などを生産しているが、中国の大手メーカーにはまだこれらを製造する技術がない。日本メーカーの退職者を採用してその技術を習得しつつある段階である。悪いことではないが、模倣するだけでは追いつけない。中小の鉄鋼メーカーは技術力が低いので、品質要求の高くない鋼材（条鋼、形鋼）を生産しているだけである。

すでに第4章で述べたように、消費財の分野でも品質の低さが目立っている。薄型テレビはたしかに大量につくられるようになったが、画質、音質が非常に悪い。多くの中国人はこの品質の低さを大して気にしていないようであるが、日本製のテレビを見ればその高品質に驚嘆してしまう。金持ちは国産品を相手にせず、輸入品を買っている。この品質の低さはあらゆる消費財に共通しており、これでは中国人の消費生活は向上のしようがない。外国への輸出を可能にするようなブランドの確立は遠い将来のことだろう。要するに、市場の変化にともなって、これまでの強みが弱みに転化しつつあると見るほかない。

中国の鉄鋼業の特徴

中国のすべての産業を論じるスペースはないので、ここで三つの産業を取りあげ、その現状をレビューしておきたい。三つの産業とは、鉄鋼業、家電産業、自動車産業である。

すでに述べたように、中国の粗鋼生産量は一〇年以上前から世界一を続けている。「中国鋼鉄工業協会」の常務副会長の罗冰生によると、二〇一〇年の粗鋼生産は六・三億トンであるが、生産能力は二〇〇九年末に七・二億トンに達している（「二一世紀経済報道」二〇一一年一月一日号）。一億トンもの生産能力が過剰になっているのである。高級品をつくる能力が低く、中・下級品をつくる能力ばかりを増やしてきたことがうかがえる。二〇一一年の粗鋼生産は七億トンにもなった。

中国の工業ミクロ統計を見ると、いま鉄鋼メーカーは六七〇〇もあり、その中で国有企業は二五〇〇もある。これほどの数のメーカーが乱立するのは、各省政府が地元メーカーを支援すること、歴史的に小メーカーが多かったことなどが理由である。総生産量は巨大であるが、一社当たりではきわめて小さくなってしまう。

上位メーカー一〇社はすべて国有企業である。競争の中で中小メーカーの整理淘汰が進むはずであるが、それが遅々としている。二〇〇九年、一〇大メーカーの粗鋼生産シェアはまだ四四％でしかない。

最大手メーカーと言えるのは、宝鋼、河鋼、武鋼、鞍鋼である。これらは有限責任公司の形態をとっている。これらは略称であり、「宝鋼」は正式には「上海宝山鋼鉄」である。

鉄鋼業は三つの問題を抱えていると言えよう。それは、規模の過小、生産能力の過剰、技術力の不足であり、相互にマイナスの影響を与えあっている。能力過剰であるから価格競争がきびしくなり、大メーカーといえどもわずかな利益しか稼げない。中小メーカーは赤字を続けているものが多い（それを救済してしまうのが地方政府である）。

大した利益が出ないので、製品の高度化のための研究開発と設備の改善のための支出は不十分となる。自動車に使われるような高級品へのシフトはあまり進んでいない。

企業当たりの生産規模を拡大しようという動きはある。政府は粗鋼生産量が五〇〇〇万トンクラスの大メーカーをいくつか育てる方針である。そのためには既存の大手メーカーの合併、統合が必要であろうが、それがむずかしい。大手メーカーは国有といっても地元との関係が深く、地方政府が合併、統合を好まないからである。

しかし、粗鋼ベースでいくら生産量が増えても、中国のメーカーには、自動車用の高張力鋼板とかシームレスパイプのような高機能鋼材をつくる能力がないことが問題である。形鋼や条鋼のようなものばかりつくっているあいだは、現代の鉄鋼業とは言えないだろう。

中国の家電産業の特徴

家電産業は数多くの製品を生産せねばならない。テレビ、洗濯機、冷蔵庫は代表的なものと言えようが、ほかにもエアコン、電子レンジ、電気炊飯器などがある。これらすべてを論じるスペースはないので、テレビのみを取りあげてみよう（洗濯機や冷蔵庫も意外に儲かるものであり、無視はできない）。

中国の家電市場はいま一兆元ほどの規模であり、そう大きいものではない。なので、大手メーカーといえども、売り上げは大きくない。家電メーカーとしての大手は、ＴＣＬ、長虹、海爾（ハイアール）、康佳であり、一応は総合家電メーカーと言える。これら四社はすべて国有企業である。ＴＣＬは正式には「ＴＣＬ集団股份有限公司」であり、株式制企業である。「集団」とは企業グループ（子会社）を率いる親会社であることを意味する（康佳も同じ）。長虹は正式には「長虹電子集団公司」であり、株式制ではない有限責任企業である（海爾も同じ）。

テレビの生産においてはこれら四社が上位を占めているが、外資系として、パナソニック、ソニー、東芝、サムスン、ＬＧ、フィリップスが一定のシェアをもっている。

薄型テレビの生産において中核部品と言えるものはディスプレー（液晶、プラズマ）とテレビ用ＩＣ（集積回路）である。中国の薄型テレビ生産はたしかに年五〇〇〇万台のレベルになってきている。しかし、驚くべきことに、上述の上位四社の中国企業は、ディスプレーとＩＣを独力で生産することができず、外資系企業から、あるいは外資との合弁企業から買っているのである。たとえばＴＣＬは、東芝との合弁企業「東芝ビジュアルプロダクツ中国」から液晶ディスプレーパネルを買っている。ＴＣＬ以外のテレビメーカーは、液晶パネルをパナソニック、東芝、シャープ、サムスンなどから買っている。長いあいだ、高精細の液晶パネルをつくれる中国メーカーはひとつしか存在しなかった。それは京東方科技集団であり、ある程度の規模をもつ。ようやく二〇一〇年末からは、ＴＣＬが自社の液晶パネル工場を建設し始めた（この工場は二〇一一年夏に稼働し始めている）。

薄型テレビ用の高品質のＩＣについても事情は似ている。上述の四社は他社から買っているのである。「他社」とは、東芝、ソニー、パナソニック、サムスンであり、また台湾の「台湾積体電路製造」（ＴＳＭＣ）や米国の「グローバルファウンドリーズ」である。中国にも半導体メーカーはあるにはある。「中芯国際集成電路製造」（ＳＭＩＣ）、「六合万通微電子技術」である。しかし、これらはまだ歴史が浅く、十分な供給力をもっていない。

中国の家電メーカーも、自力でディスプレーやＩＣをつくる能力はもっているだろう。しかし、日本、韓国、台湾のメーカーがすでにその分野で大きく先行しており、中国メーカーがここに出ていくためには研究開発と設備に巨額の投資を行わねばならない。そうなれば薄型テレビを安い価格で供給することはできなくなる。ところが、中国メーカーはその戦略は採用しないと決めているのである。

「薄型テレビを年に五〇〇〇万台生産」と聞くと「すごい」と思ってしまうが、その内実は以上のようなものである。これに対して、日本企業は五〇〇〇万台以上をつくり（全世界）、しかも中核部品を内製している。

すでに述べたことだが、この中核部品を他社から調達する戦略は、「低価格・大量生産」を手っとりばやく実現するにはいい。しかし、この戦略の決定的な弱みは、製品のパフォーマンスが中核部品メーカーによって決められてしまうところにあり、また利益が出しにくいところにある。垂直統合型の企業には中核部品を中国企業に売らないという選択もある。その中で、中国メーカーは製品の見かけ、外形のデザインで特色を出すことぐらいしかできない。中核部品のメーカーが垂直統合された企業であるとすると、中国メーカーはいつまでたってもこの企業を追い抜くことはできないであろう。中国の消費者がいつまでも低価格の大量生産品で満足しているとは考えられないので、中国メーカーの垂直分業戦略は次第に不利化していくものと思われる。

中国の自動車産業の特徴

中国では、二〇〇九年に自動車の販売台数（生産台数とほとんど同じ）が約一三六〇万台となり、二〇〇八年からの増加率は四八％もあった。二〇一二年には二〇六〇万台となっている。さすがに、二〇一一年、二〇一二年の伸びは低くなったが、この二〇〇〇万台という数字がたいへんなものであることは間違いない。

この二〇〇〇万台は、バスや大型、小型のトラックも含むすべての自動車であるが、その中の乗用車は一〇七〇万台である（データは中国汽車工業協会）。

現在、自動車メーカーの総数は、外資との合弁企業も含めて一三〇もある（「China Daily」二〇一〇年一一月二日付）。乗用車はそのほとんどが外資との合弁企業によって生産されている。メーカーの数が多いので、一社当たりの生産・販売台数は少ない。

乗用車においては、上位に一〇のメーカーが存在している。一〇七〇万台の乗用車のうちの六六％、七〇八万台は上位一〇社によって販売された。これらのうちの八つは外資との合弁企業であり、二つは地場の中国企業である。合弁企業は有限責任公司の形態を採用しているが、中国側の親会社は株式制の国有企業である。これまでのところ、外資には必ず中国企業との合弁が要求されている（出資比率は外資と中国側企業が半分ずつ）。

外資との合弁企業は、上海通用、一汽大衆、上海大衆、北京現代、東風日産、一汽ホンダ、長安フォード、東風シトロエンの八つである。「大衆」とはフォルクスワーゲンのことであり、

「上海」とは上海汽車、「一汽」とは中国第一汽車のことである。「通用」とはＧＭのことである。

地場企業は、奇瑞汽車と吉利である。奇瑞は安徽省と同省蕪湖市が設立した集体企業であり、吉利は私営の株式制企業である。

合弁企業の中国側の親会社はすべて国有企業であることが注目される。その中の最大手は「上海汽車集団」（「上汽」と略す）であるが、子会社として「上海汽車」をもっている。「上海大衆」と「上海通用」という外資との合弁企業の中国側の親会社となっているのがこの上海汽車なのである。

中国側企業の組織はかなり複雑である。上海汽車集団の場合、子会社として上海汽車を所有するが、その上海汽車が、ふたつの合弁企業のほかに、上海乗用車、上海申沃、上海汜衆、新南汽などの子会社を所有している（「中国経営報」二〇一〇年一一月二一日付）。他の中国側企業もこれと似たようなことをやっている。

乗用車の生産は、上記のように、すべてのメーカーを合わせると一〇〇〇万台強である（二〇一二年）。しかも、そのうちの三分の二は外資との合弁企業が行っている。のこりの三分の一は、右に述べた二つの地場企業と合弁の相手方となっている国有企業が行っている。つまり、純粋の中国企業も一定の乗用車生産を行っているわけであるが、そのシェアは小さい。また、合弁企業のつくる乗用車と比べると、その乗用車は性能、品質が悪いのでまったく人気がない。

さて、中国企業の戦略であるが、テレビと似ている。「低価格・大量生産」を手っとりばやく実現するため、やはり中核部品の外部調達が広く行われている。自動車の中核部品といえば、まずはエンジンである。エンジンは車の性能、乗り心地にとって決定的なものである。

　エンジンを他の企業から買うやり方は、先進国の自動車メーカー（垂直統合が当たり前）から見ると非常識であるが、中国ではその非常識が常識となっている。エンジンだけを生産する専業メーカーは中国にもあるが、技術の遅れから、ハイエンドの乗用車のエンジンをつくることはできない。したがって、地場の自動車メーカーの調達先は、外資系メーカーか外国企業（輸入）となる。外資との合弁企業は、エンジンを内製する能力をもっているが、その技術はすべて外資側が提供している。

　合弁企業にはエンジンの調達難という問題はないが、中国の地場企業は苦労している。テレビの場合と違って、外国企業は簡単にはエンジンを売ってくれないからである。

　中国政府は、当然、中国地場の自動車メーカーを育成しようとしている。しかし、外資との合弁企業がすでに強固な地歩を築いており、中国メーカーの追いつきはきわめてむずかしいだろう。

　在来型の乗用車では日、欧、米のメーカーに追いつけないとすると、中国が考えることは、電気自動車のような非連続的な技術で先行メーカーを〝カエル飛び〟のように追いこすことであり、政府は相当な補助金を地場メーカーに与えてこの技術を開発しようとしている。しかし、これまで地道な技術開発を行ってこなかった中国企業が、電気技術になると急に開発力を高めるのだろうか。技術の開発とはそれほど簡単なものではないだろう。

中国企業が弱いところ

中国の企業を見ていると、多くの弱点があることにすぐ気がつく。それらを絞りこんでみると、次の二つになるのではないか。

まず第一に、研究開発能力に乏しい。少数の例外はあるが、大多数の企業はそもそも研究開発にカネをかけていない。多くの企業は安い普及品を大量生産するスタイルで売り上げを伸ばしてきたので、それが習い性となっている。わざわざ研究開発に手間ヒマかけなくとも利益はそこそこに出る。なので、結果がどうなるかわからない研究開発などにカネをかけていられないという気持ちになっている。おまけに、科学技術の研究水準は高いとは言いがたい。

外資系企業から技術を移転してもらうのに馴れてしまったということもある。たしかに、自前で技術を開発するよりは外資に教えてもらった方が早いとは言える。

しかし、中国人の生活レベルは着実に上がっており、彼らが中国企業のつくる普及品、ありふれた品物に満足しなくなっていることも事実である。このままでは、地場の中国企業は外資企業に負けるばかりとなるだろう。外資企業にとってはそれでいっこうにかまわないが、中国企業と中国経済にとってはそれでは困る。

研究開発をおろそかにすれば、高付加価値の製品は生み出せない。中国が「中等国家のワナ」

に陥り、先進工業国への追いつきに失敗するとすれば、その有力な原因となりそうなのはこれだろう。研究開発に必要なのは科学と技術の融合であり、基礎科学のレベルの底上げも必要であろう。ところが、政府も企業もそこが十分にわかっていないようなのである。

第二に、中国企業は量的拡大だけで競争しようとする傾向が強すぎる。その結果、どの産業でも設備投資が過剰となり、大きな過剰設備を抱えこむことになる。

過剰設備によって、中国企業の利益率は低いものとならざるをえないし、赤字を出すことも多い。企業の数がどんどん減っているのはそのためだろう。しかしそれでも、過剰投資の傾向は是正されそうにない。こうして、コストの高いはずの資本が浪費されている。

過剰投資の最大の理由は、地方政府（とくに省政府）による企業への支援である。地方政府の官僚は自分の行政区域のＧＤＰを最大化することによって出世しようとするので、非効率な企業も温存する。赤字企業でも存続してしまう。地方レベルでの政府と企業の癒着ははなはだしい。過剰投資、過剰設備を是正するのはむずかしいだろう。

第6章　中国の台頭と世界の対応

中国のＧＤＰと世界のＧＤＰ

世界経済の中で中国の存在感が大きくなり、「中国の台頭」という表現がひんぱんに使われるようになっている。

しかし、二〇一一年に入ると、中国経済に明らかに減速傾向が見られるようになった。二〇一〇年まで三〇年の長きにわたって実現した年一〇％の経済成長は終わり、当面は七％成長の時期に入りつつある。

それでも世界の中では驚くべき高成長である。もしこの高い成長が続くとすると、名目ベースではあるが二〇二〇年ごろには中国経済の規模は米国を追いつくことになる。ＯＥＣＤが二〇一三年三月に発表した中国レポートは、購買力平価ベースでは二〇一六年に中国のＧＤＰが米国を追いぬいて世界最大になるだろうと言っている。しかし、それは信じてよいシナリオなのだろうか。悪い方向で考えると、中国の成長率は大幅に下がり、そのバブルの崩壊が世界を長期不況にひきずりこむことも考えられる。

この問題を考えるためには、最近目立ってきた成長減速要因を評価する必要があるだろう。その評価に立って考えると、成長率は七％からさらに低いレベルに下がっていくと見ておいた方がよさそうである。中国人エコノミストの中でも、こうした見方が増えている。少なくともリスクシナリオとして、中国の成長率が下がり続ける事態とそれへの対応を考えておく必要があるだろう。

これまで約三〇年の長きにわたって、中国が経済を大発展させるのに成功してきたことはすなおに評価すべきだろう。経済が高度成長したがゆえに、貧しい人はかなり減ったし、大都市では中流階級と見ていいような人がかなり増えている。これは、データをこまかく見るまでもなく、北京、上海、広州などの大都市を歩いてみれば実感できることである。

中国経済が発展し、世界の中で存在感を増していることは明らかなので、世界の国々は否応なく中国と向きあわざるをえない。ほかの国々にとっては、中国の経済発展を上手に取りこむことが戦略の基本となる。しかし、中国の経済発展がこれからもスムーズに続くことはありえないし、国際経済秩序を壊すかもしれないという懸念もある。そういうリスクにどう備えるのかを考えておく必要もある。「中国は機会であると同時にリスクでもある」という複眼的な見方が必要だろう。

世界経済の中で中国はどこまで存在感を高めたのか。それをとらえるための物差しはやはりＧＤＰが基本となる。ＧＤＰの中身と所得分配に問題が多いことはすでに論じた（第2章、第3章、第4章）ので、ここではＧＤＰという集計量に集中してみよう。

もっともわかりやすいのは名目（金額）ＧＤＰであり、名目為替レートによる米ドルへの換算である。ただし、これだけでは中国の真のＧＤＰ、経済規模をとらえきれないので、補足的な議論も必要だ。

基本である中国の名目ＧＤＰは、二〇一〇年をとると、四〇兆一五一三億元である。二〇一一年をとるなら、四七兆一五六四億元である。このデータを信用していいかどうかはわからないが、一応使ってみよう。

二〇一一年の四七・一六兆元を、この年の人民元と米ドルの平均的な市場レートである一ドル＝六・七五二元で換算すると六・九九兆ドルとなる。米国の名目ＧＤＰは一五・〇九兆ドルであったから、中国のＧＤＰはその四六・三％となる。また、世界全体の名目ＧＤＰは七〇兆ドルだったから、その中で中国は一〇％を占めたことになる（米国のシェアは二一・六％、日本のシェアは八・四％だった）。中国のシェアは相当のスピードで上がっていることはたしかだ。

ところで、中国の物価は世界のほかの国々の物価より低いので、その低い物価で買える物財やサービスはほかの国々よりも多い。一ドルを市場レートの人民元に換えると、二〇一一年には六・七五元だったわけであるが、この六・七五元で中国で買える物財やサービスのバスケットは、一ドルで米国で買える物財やサービスのバスケットよりも多いということである。これを言い換えると、中国では四・一七元ぐらいで同じ量の物財やサービスを買えるということである。この一ドル＝四・一七元を「購買力平価」という。四・一七元で中国で買えるものが一ドルで米国で買えるものと同じなのであるから、物財やサービスが米国と中国のあいだで自由に移動する（これは現実ではないが）とすれば、一ドルの価値は四・一七元であり、四・一七元の価値は一ドルと見ていいことになる。この購買力平価を計算しているのは国際通貨基金である（World Economic Outlook database 二〇一二年五月）。

中国の名目GDPを、市場レートの一ドル＝六・七五元でなく購買力平価の一ドル＝四・一七元で割ると一一・三兆ドルとなり、世界GDP七〇兆ドルの中では一六％を占めるという計算になる。市場レートである一ドル＝六・七五元で評価した場合よりも大幅に大きくなる。経済規模を測るときは、市場レートは使わない方がいいのである。

しかし、購買力平価にも問題はある。中国の物価の低さは、じつは本当に低いのではなく、物財やサービスの質の低さを反映しているだけという面がある。「同じだけの物財やサービスを買える」といっても、じつは同じものではないことが多いのである。質の低さは価値の低さである。それゆえ、中国のGDPは購買力平価を使って評価すべきだとも言い切れない。けっきょく、「中国のGDPは、市場レートで評価すると過小評価となり、購買力平価で評価すると過大評価となる」ということになる。真実は両者のあいだのどこかにあるだろう。二〇一一年という時点で見るかぎり、中国経済の世界経済に占めるウェイトは市場レートで測った一〇％と購買力平価で測った一六％のあいだであろう。しかし、すでに非常に大きくなっていることは間違いない。

とくに、製造業の付加価値でみると、中国の世界シェアは一五％というところに来ており、日本とほぼ同じ、米国の七割ぐらいとなっている。この巨大な製造業によって、中国はすでに世界最大の輸出国となっているわけだ（二〇一〇年の輸出額は一・五七八兆ドル、二〇一一年の輸出額は一・八九九兆ドル、中国側統計）。

将来はどうなるのか

将来こそが問題である。

中国の名目ＧＤＰがいましばらくは世界のほかの国よりも高い伸びを示すことは間違いないので、中国の存在感が大きくなっていくことも間違いない。インフレ分を含む名目ＧＤＰの成長率は、二〇一〇年に一七・八％、二〇一一年に一七・四％であった。

この高い成長がいつまで続くのかは気になるところである。当然これまで、世界の多くの調査機関が中国の成長予測を手がけてきている。多くの予測は中国と米国の比較にフォーカスしており、中国は近い将来に米国を追い抜くだろうという結論になっている。しかし、これまでの高成長が今後二〇年も三〇年も続くという想定の信頼性は次第に低くなってきたと言える。中国に最近見られるバブルの崩れを長期予測にどう取りこむかはむずかしい問題なので、ここではそれを無視して考えてみる。

私の予測する二〇二〇年ごろまでの中国の実質成長率は以下のとおりである。約一〇年というような長期の成長率の予測は、資本と労働力の増加率に全要素生産性の上昇率を加えたもの、つまり供給サイドから行うのがスタンダードなやり方である。ここではこのスタンダードなアプローチを使ってみる。

実質GDPをYとし、資本ストックをKとし、就業者数をLとすると、

$$Y_t = (1+u)^t K_t^a L_t^{1-a}$$

と書ける。KとLは年末値をとる。ここでuは全要素生産性の上昇率（KとLの増加によっては説明されないYの増加）であり、aはKの増加のYへの寄与度、1からaを引いたものはLの増加のYへの寄与度である。tは年を表す。全要素とはKとLを合成してひとつの生産要素とするコンセプトである。

この式を増加率（成長率）のかたちにすると

$$g_t = u + a\,k_t + (1-a)\,l_t$$

（GDP成長率）（kはKの増加率）（lはLの増加率）

となる。uは実績値としては残差として出てくるが、予測においては年ごとに変化せず一定と考える。

中国のGDP統計においては、実質GDPの長期時系列データは存在しないので、私は二〇〇〇年を基準年とするデータを作成してみた。GDPデフレーターのデータも存在しないので、各年の名目成長率と実質成長率の差からその上昇率を求めることにした。

就業者数Lのデータはあるので、その増加率lはすぐ計算できる。面倒なのは資本ストック

（各年末）である。かつて、国家統計局は「固定資産統計年鑑」を出していたが、それを使うと一九七八年末の固定資本ストックの名目値がわかる。そこで私は、一九七九年末以降の資本ストック（企業の設備、政府のインフラ、住宅の合計）を、毎年の固定資本投資を累積し、そこから減耗分を差し引くことによって求めた。減耗率は〇・〇五一六としたが、これは国家統計局の「工業経済統計年鑑」に示されていた一九八九～九八年の平均値である。こうして、二〇〇〇年を基準年とする一九七八年末から二〇一〇年末までの資本ストックが求まる。その増加率のデータとしては、一九七九年から二〇一〇年までのものが手に入る。

こうしてわかるのは、まず就業者数の増加率については、一九八〇年代には約三％と高かったが、一九九〇年代には約一％に下がり、二〇〇〇年代は前半が〇・六～〇・七％、後半が〇・三～〇・四％に下がったということである。人口統計などから、生産年齢人口の年平均増加率は、二〇一〇年代の前半は〇・五％、後半はゼロ％と予測されているので、二〇一〇年代全体としては〇・二％と予測できる。したがって、二〇一〇年代の就業者数の増加による実質GDPの増加は、わずかなものでしかない（〇・一％程度）。

次に資本ストックの増加率であるが、これはかつて高かったし、いまでもかなり高い。一九八〇年代には一〇％を超える年が多かった。しかし、一九九〇年前後に一〇％未満に減速した。ところが、その後再び高い伸びに戻っている。年によって大きく変動しているが、二〇〇九年などは一九・七％もある。ただし、二〇〇〇年代の平均は一二・四％である。二〇一〇年は一

表15　実質成長率、KとLの増加率、uの値

（単位：%）

年	実質成長率	Kの増加率（k）	$0.4 \times k$	Lの増加率（l）	$0.6 \times l$	u
2000	8.4	14.8	5.9	1.0	0.6	1.9
2001	8.3	11.1	4.4	1.0	0.6	3.3
2002	9.1	14.2	5.7	0.7	0.4	3.0
2003	10.0	12.5	5.0	0.6	0.4	4.6
2004	10.1	10.8	4.3	0.7	0.4	5.4
2005	10.4	2.0	0.8	0.5	0.3	9.3
2006	11.1	15.4	6.2	0.4	0.2	4.7
2007	13.3	11.8	4.7	0.4	0.2	8.4
2008	8.9	11.4	4.6	0.3	0.2	4.1
2009	9.1	19.7	7.9	0.3	0.2	1.0
2010	10.3	14.8	5.9	0.4	0.2	4.2

（注）　実質成長率は筆者の推計。

四・八%である。これが二〇一〇年代にどうなるかが問題だ。

全要素生産性の上昇率も問題である。実質GDPの成長率（国家統計局の発表するものと私の推計とはわずかに違う）とK、Lの増加率を回帰式にあてはめてuの値を推計してみたが、意味のある結果を得ることはできなかった。残念ながらその理由ははっきりしない。

そこで、表15にあるように、aの値を与えた上で、残差としてuを求めてみた。この場合、uは各年ごとに出てくる（データは二〇〇〇年以降のもののみを掲げた）。

uを求めるためには、実質成長率からkにaをかけたものとlに1マイナスaをかけたものを差し引けばいい。

aの値は〇・四とする。これはアルウィン・ヤングの次の論文から借用した。

A. Young, "Gold into Base Metals: Productivity Growth in the People's Republic of China during the Reform Period," *Journal of Political Economy*, December 2003.

〇・四というaの値は中国の分配国民所得のデータから求められたものである。

表15からわかるように、kの実質成長率への寄与（kに〇・四をかけたもの）はきわめて大きく、これまでは六％ぐらいはあった。したがって、このkが二〇二〇年かけてどうなるかは重要である。私の計算では、二〇二〇年にかけてのkは約一〇％に下がる（一九九〇年ごろの状態に戻る）。なぜなら、政府のインフラ投資の減速などによって、固定資本投資の増加率が下がるからである。二〇〇〇年代後半のようなkの高い値が続かないことはたしかであろう。

kが一〇％だとすると、実質成長率への寄与は四％となり、これまでと比べて二％程度小さくなる。

二〇二〇年までのuの値はどう想定すべきか。二〇〇〇年から二〇〇九年までの平均値は四・六％であり、実質成長率への寄与はkよりも大きい。これをそのまま二〇一〇年代（二〇一九年まで）にも使うと、

kの寄与　　四・〇％

lの寄与　〇・一%

uの値　四・六%

となり、今後二〇二〇年までの実質成長率は八・七%と高めに出る。

このuの値は高すぎるように思われる。とくに、二〇〇五年と二〇〇七年は高く出すぎている。これら二年を除くと、uの平均値は三・五%となり、今後の実質成長率は七・六%となる。

過去のデータから今後のuの値を予測することはきわめてむずかしいが、それが成長率を大きく左右してしまう。これが解決しにくい難問であることは認めねばならない。しかし、kの値もuの値も、二〇〇〇年代の実績と比べると今後はかなり小さくなると予測していいのではないだろうか。とくに、二〇一四年以降に予想されるバブルの崩れの影響を取りこむと、二〇二〇年までの成長率はかなり低くなるだろう。

中国の〝租界経済〟と近年の脱租界化

中国は〝世界の工場〟と言われている。中国のGDPを産業別に分けてみると、『中国統計年鑑』からわかるように、近年は実質GDPの四六〜四七%を第二次産業が生み出している（二〇〇九年、二〇一〇年）。

中国の第二次産業とは、製造業、鉱業、建設業、公益産業（電力、電話など）の合計であり、公益産業を除けば広い意味での製造業である。

この第二次産業が実質ＧＤＰに占める割合は、異常に大きいと言わねばならない。この割合は、一九七九年の時点ですでに四七・一％あった（現在と同じ）。これが一九九〇年にかけて四一・三％に下がった。これは不思議であるが、中国の真の工業化が一九九〇年ごろに始まったと解釈すればいい。一九九〇年ごろに中国のグローバル化、外資の中国への参入が本格化している。その結果、第二次産業がＧＤＰ全体の伸びを上回る伸びを示すようになり、それゆえに第二次産業のシェアが上がったのである。

この現象はふつうの発展途上国と同じように見える。しかし、よく見てみるとほかの国とは異質である。第二次産業なり製造業の外資依存が突出しているのである。

ＧＤＰに占める製造業のシェアは、製造業大国であるドイツで三〇％程度であり、日本で二〇％程度である。製造業のウェイトが大きい韓国でも四〇％程度である。

中国で製造業のシェアが異例に高くなっている理由は二つあると思う。ひとつは、第3章で述べたように、住宅・不動産投資が異例に大きくなったこと、それにともなって鉄鋼、ガラス、セメント、建設機械などの不動産関連の産業が異例に大きくなったことである。

もうひとつは輸出が異例に大きいことである。物財の輸出はＧＤＰの三〇％強であり、ほかの多くの国を上回っている。輸出はそのすべてが付加価値ではない（原材料費を含んでいる）。輸出価額の中で付加価値は約半分を占める（ＯＥＣＤの二〇一〇年の中国報告書）といわれている。輸出のグロス価額がＧＤＰの三〇％を超え、付加価値でみても一五～一六％になっている。

中国の製造業と輸出がほかの国より大きいのは、中国の地場企業が世界の中で競争力を強めてきたからではない。外資系企業が製造業の生産額の三〇％程度、輸出額の五五％程度をになっているのである。外資系企業は中国企業と合弁になっていることもあるので、五五％のすべてが外資の力を示すものではないが、外資の存在感が異常に大きいことは否定すべくもない。

経済の中で外資系企業がこれほど大きいことは、中国経済が〝租界経済〟になっていることを意味するだろう。〝租界〟とは、天津条約（一八五八年）と北京条約（一八六〇年）によって天津、上海などに広がった外国人の治外法権の居住区である。どちらの条約も英仏米露の四カ国と別個に結ばれたものであるが、すこし遅れて日本も租界をつくるようになった（北京条約は天津条約の追加のようなものだった）。

これらの条約によって、外国人は、中国内の旅行の自由、通商の自由、関税決定への関与、自国民の裁判権などを獲得した。

もちろん現在は、これらの特権は外資系企業や外国人に与えられていない。しかし、中国にとっては外資はぜひにも居てもらいたいものなので、これまでは手厚い外資優遇が行われてきた。一九七九年に「改革と開放」が始まった当時、中国企業の経営力、技術力はきわめて貧弱だったので、外資の力を借りて中国企業の力を引き上げようとした。外資から学ぶためには合弁事業がベストである。

そこで中国は、一九七九年に「中外合資経営企業法」を制定した。これはその名のとおり、外資の中国進出を中国企業との合弁（外資比率は二五～五〇％）を原則とするものであった（ただし、例外は一九八〇年に設立された深圳など四つの市の経済特区。ここでは一〇〇％の外資企業の設立が認められた。経済特区では法人税（企業所得税）も低く、一五％とされた）。一九八四年には、大連、天津、温州、福州など一四の港をもつ市が経済開放区として指定され、外資が独資として進出できる地域が大幅に増えた。これらの地域でも法人税率が二四％とされ、当時の一般的な税率三三％よりも低い（現在の法人税率は二五％）。

経済特区における一五％という優遇税率は、その後、経済特区だけでなく、国家級経済技術開発区、保税区・輸出加工区などの外資系企業にも適用されることになった。

これに加えて、特区や開発区以外に立地する外資系企業にも税の優遇があった。それは、経営を始めてから一〇年以上がたった生産型の外資系企業に対してであり、利益計上が実現した年度から二年間は法人税を免除とし、次の三年間は法人税を半分にするというものであり、「二免三減」と呼ばれている。

しかし、外資系企業にとっては合弁の相手方となる中国企業の経営は満足できるものではなかったので、外資系企業がどんどん進出したわけではない。そこで、中国政府は一九八六年、「外資企業法」を制定し、独資の外資企業を一般的に認めることにした。このころから外資の中国進出はようやく本格化した。中国がいよいよ租界経済化することになったわけである。いまや、製造業の外資系企業が中国GDPの一五%を生み出すようになっている。製造業以外も含めれば、この比率はさらに高くなる。

外資系企業の生み出す付加価値のうちの小さい部分は中国人労働者に払われる賃金であるが、大部分は企業利益である。現在、外資系企業が中国から巨大な利益をあげていることは間違いないだろう。これは中国の租界経済化と呼びたくなるような現象である。

ところが、中国は二〇〇八年ごろから、外資系企業の優遇を縮小、廃止する動きを見せるようになった。中国政府は、外資優遇をやめても外資は巨大な中国市場を求めて進出し続けるという自信をもったのだろう。また、中国企業の経営力、技術力が上がったということもあるし、中国の地場企業が「外資優遇は不公平だ」と主張していることもある。

こうして、次のような重要な決定が行われることになった。

・二〇〇八年一月　外資系企業と中国企業の法人税率を段階的に同じにする「企業所得税法」の改正法が施行された。
・二〇〇八年八月　外資系企業による中国企業の買収の規制を強化する「独占禁止法」が施行された。
・二〇〇九年一一月　政府調達で自国製品を優遇する「国家自主開発製品認定制度」が導入された。

このような外資優遇の廃止は中国としてはいつかはやらねばならないものであるが、外資にとってはやはり打撃であり、中国進出の魅力を減らすものである。それでも中国への投資を増やすのかどうか、中国経済の減速傾向をにらんで考えどころであろう。

中国企業の実力はどれほどのものか

中国は国家資本主義官僚経済であるが、その中で一部の国有企業は巨大化した。これを見て「中国脅威論」を唱える論者も出てきたが、これは的はずれであろう。中国では外資の存在が大きいので、地場企業の成長が圧迫されていると言う方が真実に近い。

中国には巨大国有企業があり、政府の保護と独占的な地位によって巨大化した。ということは、オリジナルな研究開発、市場の変化への対応をやらなくとも売り上げと利益を伸ばせるということである。その結果、本当の競争力が身についていない。とくに消費、民生に近い分野でこの傾向が著しい。この点は第5章でも論じておいた。

たしかに、中国石油天然気（ペトロチャイナ）、中国石油化工（シノペック）、中国電信、中国神華能源、宝山鉄鋼のような巨大企業は存在している。しかし、これらは資源、インフラ、基礎素材の企業であり、消費財をつくる企業で巨大と言えるものはひとつもない。通信機器、電子部品、医薬品などのハイテク分野にも見るべき企業は育っていない。消費財とハイテク製品においては、中国企業がほかの国の企業にとって脅威となっているという事実はない。

ただし、「中国迷惑論」には根拠がある。中国企業の武器はいまだに安い労働力であり、安価な消費財を大量に生産し大量に輸出する体質が払拭できていない。世界の国々が中国からの輸入品の急増に対して緊急輸入制限を発動する事例が絶えない。巨大国有企業にも民営の中小企業にも問題がある。

中国らしいのは、中小企業が外国に進出して現地生産を急増させ、現地の企業を倒産させてしまう事例である。

二〇一一年に「ニューヨーク・タイムズ」紙が報道し、二〇一二年に「朝日新聞」が報道した事例がある。これは現在もイタリアで物議をかもしている事例だ。その話は次のとおり。

イタリアのフィレンツェから北西約二〇キロのところにプラートという名の市がある。古くから織物業で栄えた町である。その郊外に中国人が経営する衣服工場が約三〇〇〇も集まっている地区があり、そこで働く中国人は四万人を超える。不法移民もいるらしい。約二〇年前から、このような工場が増え始めたという。

この工場の労働環境は苛酷をきわめる。一日に一六時間も働き、三カ月休まないこともある。イタリア製の衣服といえば少量生産であり、品質と夢を売るものである。しかし、中国人経営の工場では一日に三〇〇〇着もつくってしまう。それらの衣服は粗悪だが安いので売れてしまうという。これが、「劣悪な労働条件と粗悪な材料で、〝イタリア製〟の衣服を〝偽造〟している」と問題になっているのである。中国大使館はこれを見て見ぬふりをしているようだ。このようなやり方はサステナブルではないが、気をつけないと、今後世界のあちこちで行われてしまうのではないか。

世界が感じる不安と中国人の自己評価

世界のほかの国が中国の台頭を懸念する理由は少なくない。それをもう一度整理してみよう。第一に、中国の経済運営が「国家資本主義官僚経済」であることがあげられる。その結果として、貿易と投資に突然政府が介入してくる不安がつきまとう。

第二に、政治に激変がおこるリスクが小さくない。政治の腐敗と経済格差の拡大に対して政府が有効な対応を見せていないので、経済成長が続いていても国民の不満が鬱積しており、それが爆発するかもしれないというリスクが潜在している。

第三に、経済成長の中にバブル的要素があることが否定できない。バブルは、ゆるやかかもしれないし激しくかもしれないが、なんらかのかたちで崩壊していく。その結果、経済成長も減速せざるをえない。そのリスクも小さくないだろう。バブルは主に住宅・不動産部門にあるものだが、製造業部門にも過剰な生産能力というかたちで存在している。

それでは、中国人自身は世界の中の中国をどう位置づけているだろうか。もちろん、左から右までいろいろな意見があるが、中国を代表する論客のひとりとして、北京大学の国際関係学院院長（学部長）の王緝思《ワンチースー》がいる。共産党の対外政策に大きな影響力をもつ人物である。彼の考え方は中国ではもっとも良識的な部類に属するので、耳を傾けてもいいだろう。

「朝日新聞」の船橋洋一氏が二〇一〇年六月に行ったインタビューの中で、王緝思は次のように言っている。

中国には、先進国から屈辱を受けていると感じる人たちがいます。この種の感情は優越感と劣等感が混じり合ったものです。一方で、中国は将来は世界を支配するかもしれないと言い、他方で、中国はいまも国際政治の被害者だと言い張る。

中国の有識者も愚かではない。このように自分たちには優越感と劣等感が混じり合った感情があることをわきまえているわけである。優越感は「中国は最高の文明を生み出してきた国だ」という中華意識であり、劣等感はその優れた国が列強に侵略されたり、貧困や不平等を解決できていないところから来ている。経済の高度成長によって劣等感が薄らいでいるかといえば、それは違う。経済成長はむしろ経済格差と腐敗を強め、社会的公正と法の支配を弱めてきたからである。中国的経済発展モデルに大欠陥があることはわかっているのである。

王緝思は次のようにも言っている。

（中国の）ほとんどの王朝は腐敗したため崩壊したのだと思います。道徳が地に落ち、社会と地域の格差が広がり、富の分配が不公平になったら要注意です。中国の王朝のほとんどが、このような権力腐敗に対する国内の反抗勢力が、海外からの敵と手を結んだ時に、崩壊しています。……私の考えでは、王朝の栄枯盛衰は、本当の社会改革と恒久的な安定をもたらさなかった。従って、こうした王朝的サイクルに決別する時だと思います。中国は、政治体制を劇的に転覆させたり、変更させたりせずに、長期的な安定、経済成長、そして社会発展を人々が享受するようにすべきです。そのためには、……より民主的な機構や考え方、そして法の支配を打ち立てる必要があります。

そのとおりである。中国を支配してきた数々の王朝は、腐敗した前の王朝を倒し、大衆を苦しみから救い出すというスローガンのもとに成立している。しかし、王朝は専制的であり、必ず腐敗したから、武力によって「劇的に転覆」させるしかなかった。「腐敗を正す」と言っていた政権がやがて自分も腐敗して倒されるというのが王朝サイクルだ。

しかし、ここで王緝思が言うのをはばかったのは、現在の共産党政権も歴史上に現れた数々の王朝とたいして違っていないということである。

共産党政権は、「所得分配の不平等を是正する」、「個人消費を増やし内需主導の経済をつくる」と唱えてきた。しかし、有言不実行、ただ言うだけなので結果が出ていない。国民の不満が高まる中で、ここ数年、その不満を強権的に抑えこむ動きが強まっている。政権が専制的になってきたことは否定できない。共産党にとっては「一党独裁」を死守することが至上命令であり、複数政党による自由選挙は絶対に認めない。

ここが変わらないかぎり、現在の政権を変えるためには「劇的に転覆させる」という方法しかないことになろう。中国の政治体制の激変は、中国にとっても世界にとっても歓迎できることではないが、「王朝的サイクル」が消滅したという証拠はあがっていない。月並みな言い方になるが、現政権も数多くの王朝のひとつと見ておいた方がよさそうである。

王緝思が言っていることの中でもうひとつ重要なのは、「中国は法の支配を打ち立てる必要がある」ということであろう。これも裏返せば、現在の中国では法の支配が行われていないということになる。

法律はあってもそれが平然と破られているという現象はあまりにも多い。外資系企業から見ると、知的所有権がひんぱんに侵害されており、コピー商品が横行しているのは不愉快なことである。中国企業は研究開発への支出を惜しむ傾向が強く、外国企業の商品や技術をコピーすることが少なくない。中国にはモノマネの文化があり、「モノマネ文化」を「山塞文化」と言っている。これは農民の反統制運動のイメージである。

中国人が恐れる〝中等国家〟の落とし穴

中国のエコノミストが盛んに論じている問題のひとつに、〝中等国家〟の落とし穴、あるいはワナがある。これは、「中国は過去において中ぐらいの豊かさを達成したあと停滞してしまった国（アルゼンチン、フィリピンのような）の轍を踏むのではないか、けっきょくはいまの日、米、欧のような高いレベルの豊かさには到達できないのではないか」という恐れである。これは中国では「中等収入国家の落とし穴」と言われている。

ここで、「豊かさ」は一人当たりのＧＤＰでとらえられている。中国のＧＤＰが巨大であることは、一三億を超える人口を考えれば当たり前のことであり、まだまだ低い一人当たりＧＤＰをどこまで引き上げることができるかという問題の立て方は正しいだろう。

しかし、豊かさをとらえるのにＧＤＰは不完全な指標であることも明らかである。ＧＤＰには量と質の両面がある。とくに中国の場合には、一人当たりＧＤＰを補うものとして、社会和諧、生活の質、民主的法制などを表す指標を見ておく必要がある。

ここでも、中国人自身の声に耳を傾けるといい。中国政府の中でマクロ経済政策の司令塔となっているのは「国家発展改革委員会」であり、重要なことはすべてここで決まると言っても過言ではない。その重要なお役所の中に、「経済研究所」があり、有力な官庁エコノミストが働いている。

この経済研究所は、二〇〇九年一二月に、『中国経済：〝十二五〟戦略思路と政策選択』（経済科学出版社）という注目すべき論文集を発刊している。〝十二五〟とは、二〇一一年に始まった第一二次五カ年計画のことである。

この中に、王小広による「〝十二五〟時期経済発展的戦略思路研究」という総括的論文がある。王小広の言っていることは次のとおり。そのすべてがもっともである。

・「改革と開放」以来の三〇年にわたる経済の高成長は奇跡であり、これまでの成長戦略の正しさを証明している。

・二〇〇八年の中国の一人当たりGDPを米ドルで表すと三二六七ドルであり、世界銀行は中等所得国家の平均的な一人当たりGDPを三〇五一ドルとしている（二〇〇六年）ので、中国はすでに中等国家のグループに入った。

・中等国家といわゆる先進国とのあいだには相当に大きな距離がある。これまでの成長戦略は大成功であったが、先進国に追いつくためには戦略の大転換が必要である。

・成長戦略を転換できなければ、中国が〝中等国家の落とし穴〟に落ちこむことはありうる。

・この落とし穴は五つの分野から発生する。大きな所得分配の不平等、都市の大きなスラムの発生、金融システムの脆弱性、産業高度化の遅れ、社会（公共）サービスの停滞である。近年の中国でもこれらの問題が深刻化している。

・アルゼンチンの一人当たりGDPを見ると、一九八〇年に二八九〇ドルだったが、一九九五年に八〇三〇ドルに高まったあと、二〇〇〇年に七四七〇ドル、二〇〇五年に四四六〇

表16　中国の経済発展指標

分野	指標	めざすべき値	2007年の中国の値
社会和諧	所得分配（ジニ係数）	≦0.4	0.458
	農村収入に対する都市収入の倍率（１人当たり）	≦2.8	3.55
	社会保障のカバー率	≧90％	47.6％
生活質量	１人当たり可処分所得	≧15,000元	8,076元
	エンゲル係数	≦40％	40％
	１人当たり住居面積	≧$27m^2$	$26.8m^2$
	平均寿命	≧75年	73年
民主法制	公民の民主権利の満足度	≧80％	?
	社会の安全度	≧100％	?
文化教育	GDPに占める文化産業	≧５％	2.6％
	家計消費に占める教養娯楽費	≧16％	12.1％
	平均教育年限	≧10.5年	8.4年

（注）　相佛の表を一部省略している。

ドルに下がっている。これほどではないが、チリ、フィリピン、タイにも停滞の傾向がある。

・現在の中国には、不動産投資を中心とする過剰投資、自主創新のための投資の不足、サービス業の発展の遅れ、雇用の低成長などの問題がある。家計消費は不足しており、また「食」と「住」に偏りすぎている。

ここには現在深刻化している問題の的確な認識がある。中国人エコノミストも、中国経済のあちこちに〝中等国家〟の落とし穴があることを認めているのである。

もうひとつの論文、相佛による「〝十二五〟時期我国経済発展的内外部環境及面臨的重大問題」にも注目したい。相佛は次のようなことを言っている。

彼は一人当たりGDPとかGDP成長とかのせまいアプローチをとらず、経済の先進国化を表16のような幅広い指標によってとらえようとしている。このアプローチには好感がもてる。この表にあるような各種の指標が上がらなければ経済成長は持続しないと言っているのである。

この表では二〇〇七年の中国の値が示されているが、めざすべき値（相佛の個人的見解だろう）と比べるとまだ相当に低い。これらの指標はGDPの中身を表していると考えられるが、GDPの大きさと比べて生活の質の改善が遅れていることを示している。なお、分野のひとつに「民主法制」が取りあげられているが、現在の値は空欄になっている。これ自体が民主法制の低レベルを示すものであろう。

相佛が強調しているのは、中国経済の巨大さがイコール強みではないこと、エネルギーが浪費されていること、環境の悪化が進んでいること、所得分配の不平等が強まっていることなどの問題である。これらはこれまでも繰り返し指摘されている問題であるが、政府エコノミストがこれらを正確に認識していることにはホッとさせられる。

王小広や相佛の言っていることはじつにまっとうである。ただし、彼らが主張するような方向で改革が実行されるかどうかはまったくわからない。実行されない可能性の方が大きいだろう。

米国だけは中国に直言している

中国にもっとも率直にモノを言っているのは米国である。どういうわけか、米国以外の国は中国に対して腰がひけており、あまり中国批判をやらない。この点では米国を見習うべきだろう。

米国と中国は、一九八三年から、「米中合同商業貿易委員会」を毎年開いている。これは閣僚級レベルの会合であり、最近、ますます重要性を増している。

二〇一一年一一月には四川省の成都で会合が開かれた。この会合で米国と中国の双方が主張したことを見ると、米国の中国台頭への対応がはっきりわかる。米国は中国市場の閉鎖性を批判し、知的財産権の保護など「国際ルール」の遵守を迫った。米国商務長官は、「米国では多くの人が両国の貿易関係について否定的な見方をもち始めている」と発言した。中国市場の閉鎖性とは、米国の金融機関の締め出し、中国の高い関税、米国企業のウェブサイトの禁止、中国の国有企業の優遇などである。技術移転の強要も問題となった。これは、米国企業がハイテクを用いて中国で活動しようとすると、中国企業との合弁会社の設立を求められるという問題である。米国はその後もこれらの主張を続けている。

「中国の市場はまだ閉鎖的だ」という米国の主張に対して、中国はとくに反論しなかった。身に覚えがあるということだろう。

米国が主張したもうひとつのポイントは、「中国では内需が不十分であり、家計の購買意欲を高めるために消費関連の減税を行うべきだ」というものであった。景気が悪くなると、中国は財政支出の拡大で対応する傾向があるが、それでは家計消費は伸びない。「家計消費の不足が問題ではないのか」という米国の指摘はもっともである。これに対しても、中国側からの反論はなかった。

さらに、米国は中国の国家資本主義体制を問題にした。中国は今後五年間で、戦略分野（エネルギー、バイオテクノロジー、ＩＴなど）に一兆七〇〇〇億ドルもの国家資金を投入することを明らかにしたが、この資金のほとんどは国有企業への補助金である。これほど巨額の補助金を企業に与えることは、公正な競争を阻害し、世界貿易機関（ＷＴＯ）のルールに反する可能性が大きい。この問題は、米国だけでなく、世界のどの国にとっても懸念されるものである。

米国と中国とのあいだでは、二〇〇九年から毎年、「米中戦略・経済対話」も開かれている。ここでは、経済だけでなく政治・外交上の懸案も話し合われる。

直近では、二〇一二年五月に北京で会合が開かれている（米国側代表は当時のクリントン国務長官、中国側代表は王岐山副首相）。

この会合でも、米国は前年の「商業貿易委員会」と同じような主張を行ったが、中国側の反応は乏しかった。ただ、米国は新たに中国の国有銀行改革を主張した。これも体制的な問題として重要である。

よく知られているが、中国は銀行の預金・貸出金利を規制しており、また国有銀行は国有企業に優先的に貸し出しを行っている。つまり、国有銀行と国有企業が手厚く保護されている。それによって、中国に進出している米国の金融機関と企業は不公平な競争を強いられることになる。

この主張はもっともである。中国は金利の自由化を進める必要があるし、巨大な国有銀行という制度そのものをやめる必要もあるだろう。これもまた、米国だけでなく世界のほかの国が問題としていいことである。しかし、ここでも中国側の反応は乏しかった。

中国にいろいろ注文をつけても、大した成果は期待できないだろう。しかし、懸念を表明しておけば、中国があからさまなルール破りを控えるという効果ぐらいはある。

このような中国との対話を閣僚レベルで定期的にやっているのは米国だけである。米国は定期対話を中国に認めさせるだけの実力をもっているし、その言い分はスジが通っている。

これと比べると、日本、韓国、ＥＵは中国との定期会合の場をもっていない。ここに問題がある。

日本としては、一国だけで中国に閣僚レベルの定期会合を提案するのは荷が重すぎるであろう。二〇一二年五月、日本、中国、韓国の三カ国首脳会議が行われた（北京）が、このような三カ国会合は有望であろう。韓国がいつも日本の味方になってくれるわけではないが、日中がぶつかるときには公平な仲裁役になってくれそうである。

米国以外の国にある中国対応の迷い

米国の中国対応はかなり明確である。

それはアジア太平洋地域で通商を促進し、中国にいっそうの市場開放を迫るものである。米国は同時に、この地域を軍事的にも最優先地域と位置づけ、軍事力の再編・強化を始めている。この地域での中国の影響力の拡大に歯止めをかけたいという気持ちはあるだろう。

これと比べると、日本とEUの中国対応は何を目的としているのかがはっきりしない。日欧に見られるのは、拡大する中国経済に参入してできるだけ儲けたいというビジネス志向である。しかし、それだけでいいのか。中国の国家資本主義とそれにともなう腐敗という体制的な（システミックな）問題に目をつぶっていていいのか。

たしかに、中国の労働力はまだ安いし勤勉でもある。だから世界の生産基地になっている。その上、中国は市場としても魅力を増している。なので、中国で儲けようとするのは悪いことではない。

しかし、中国が現在の政治・経済体制のままで経済の高成長を続けていけると考えるのは間違いであろう。いまや、高成長をとめてしまうような要因が目白押しに出てきていることを無視するわけにはいかない。これらの要因をすこしでも緩和するために日本、米国、ＥＵができることは少なくないはずである。中国が真の市場経済に向かって進んでいけるように、また環境の悪化や所得分配の不平等を改善できるように、協力できることは多いはずである。その結果、中国の経済成長がサステナブルなものになれば、世界全体にとってプラスであり、結果的に中国ビジネスにとってもプラスとなるだろう。

たとえば、中国が行っている国有企業と国有銀行の保護は、たんにほかの国の企業や銀行に不利というだけでなく、中国の企業同士の競争条件を不公平にするものであり、中国自身にとっても良いことではない。各国は、巨大な国有企業という制度そのものをもっと批判すべきであろう。

中国の所得分配の不平等も同じように批判することができる。このまま不平等が拡大を続ければ、国民の不満の爆発が避けられなくなり、経済成長はサステナブルでなくなる。不平等を改善することは中国自身のためになる。しかも、それは家計消費の増加につながるので、結果的に中国ビジネスにとってもプラスとなるだろう。

環境悪化への批判も同じである。環境の改善は中国の経済成長をサステナブルにするだろうが、資源とエネルギーの浪費を是正することによって世界にもプラスとなるだろう。同時に、環境保護のための機器への大きな需要が生まれるので、中国ビジネスにとっても結果的にプラスとなるだろう。

中国の体制を批判することに遠慮はいらない。それは中国にとっても世界にとってもプラスとなるはずである。

第7章　中国といかに交わるべきか

日本にとっては何が問題なのか

すでに、中国経済の高成長の時代は終わった。二〇一三年の実質成長は七％程度に落ちつくだろう。これまでのような製造業と固定資本投資に偏った成長モデルはもう終わりであり、新しい成長モデルが模索され始めている。

しかし、低くなってきたとはいっても、七％の経済成長はまだ世界の中ではもっともはやい。そのかぎりで、中国の台頭、膨張はいましばらくは続く。

このような中国と隣り合わせの日本は、中国とどのように交わっていけばいいのだろうか。歴史を振り返ると、日本は中国との交わりにいつも苦労してきたが、その歴史はこれからも続きそうである。

日本としては、よく練られた対中国戦略をもつ必要がある。この戦略は、国としての戦略と企業としての戦略に分けることができよう。国としては経済成長とグローバル化の見直しが課題であろうし、企業としてはその枠組みの中で貿易と投資のスタンスを最適化していくことが課題であろう。

これまで私は、中国経済は高成長であるが不安定化していること、企業・産業は量的拡大は得意であるが製品高度化の能力が低いことを論じてきた。経済、産業の高成長は無理に無理を重ねて実現したものであり、多分にバブル的である。バブルはたんに住宅・不動産市場だけにあるのではなく、経済のあちこちに存在している。おそらく、ここまではほとんどの人が認めるところであろう。

中国ではすでにすこしバブルは崩れ始めているのであるが、問題は「中国バブルはどのようなかたちで崩壊していくか」というところにある。これについては主に第3章で論じたが、正直なところ、この問いに正確に答えることは非常にむずかしい。しかし、私の暫定的な結論は「二〇一二年春に始まった住宅・不動産価格の下落は二〇一四年以降に本格化する、しかしそれは一気におこるのでなく、四、五年かけてダラダラとおこる」というものであった。私は、「それにともなって、固定資本投資は終わり、実質GDP成長率は七％に近づく」という予測も行った。なぜ価格の下落がゆるやかかというと、投機はなくなるが実需の伸びは続くからである。

このゆるやかな不動産バブルの崩れ（解消）と固定資本投資の減速は、中国にとっては長期では悪いことではない。なぜなら、それによってインフレがおさまり、住宅価格が安くなり、家計の実質消費がもっと伸びることになるので、大多数の国民の幸福度はいまよりも高くなるからである。

ところで、本書は中国の政治をメインテーマとするものではないが、中国では政経不可分であり、共産党一党独裁の体制が崩壊するのかという問題は考えておかねばならない。一党支配のもとで、官の腐敗と国民のあいだの経済格差は日増しに増大してきた。現在の中国は一党独裁であり、複数の政党による自由選挙は存在しない。なので、政権の交代は農民や都市部の下層民の騒乱や暴動が大きなうねりとなるときにしかおこらない。一党独裁が簡単に終わることはないだろうが、今後予想される経済成長率の低下は政治的動乱のきっかけとなりうる。成長率が下がってくると、共産党支配への不満が高まるからである。この政治リスクは無視できない。

すでに頻発している騒乱とか暴動は、点から面となって大きなうねりとなるだろうか。それは、一般大衆が現在の腐敗と経済格差の根源が共産党一党支配の体制そのものにあることをはっきり理解し、怒りを爆発させるときにおこるだろう。そのためには、現政権を倒すことに命をかけるリーダーが多数出てくることが必要である。その可能性は小さいが、まったくゼロとも言えないように思われる。体制崩壊まではいかないとしても、天安門事件（一九八九年）のような騒乱の再現は十分にありうると思う。

「バブルの崩れ」にしても「政治の動乱」にしても、中国の国としてのリスクである。このカントリー・リスクの評価とリスクを最小化する方法は、これまでも多少は研究されてきている。その研究成果をあらためて中国に適用して考えてみるべきときである。つまり、世界は広いわけであり、中国だけにのめりこむのはリスクが大きすぎる。

日本の対中国スタンス

経済成長の減速、政治的動乱の発生という中国のリスクに対して、日本としてはどんなスタンスで臨めばいいのだろうか。

日本の対中国輸出の伸びが鈍化していくことは避けられないだろう。日本企業の中国現地法人、あるいは合弁企業の売り上げにもマイナス効果は出てくるだろう。

このような中国ショックへの対応は、いまから行う必要がある。いまできることを考えると、それは中国ビジネスの拡大は慎重を旨とするということに尽きる。いまは、「中国ビジネスは儲かる」という見方に偏りすぎているのではないか。冷静な損得計算を行うべきときではないか。

日本の政府としては、日本企業が中国ビジネスに過剰な投資を行うことがないよう、事業環境を整えるべきであろう。そのための基本的政策は、「中国は儲かりそうだが、日本は儲からない」という現状を転換すること以外にありえない。中国投資を抑制するよりも、まず日本の事業環境を改善するべきなのである。

リーマン・ショックや大震災という不運に見舞われたこともあるが、日本経済が長期停滞していることは事実である。そして、内外の多くの企業が日本に投資しても大して儲からないと考えていることも事実である。

中国のリスクと台頭にいかに同時に対応すべきかを考える場合、日本経済がデフレ・停滞から脱却できるのかどうかの判断が大前提である。このまま停滞が続くのなら、中国への輸出、中国ビジネスへの依存はますます強くならざるをえない。しかし、デフレ・停滞から脱却して実質二%程度の成長が安定的に実現できるようになると、中国依存の弱い立場からも脱却できることになる。

そこで、日本経済の停滞をひきおこしている根本原因を考えてみると、それは円高ではなく、生産年齢人口の減少でさえもなく、内需の低い伸びであることに思い当たる。いま供給力は一二分にあり、供給側に問題はないのである。

成長を再起動するためのメインエンジンは家計消費のはずであるが、雇用が不安定で賃金が下がりかねない環境の中では、現役労働者は消費を増やすことができないし、社会保障の抜本改革が遅れている中では、高齢者も消費を増やすことができない。消費が増えなければ企業が設備投資を増やすことはない。

成長戦略は政府だけが実行するものではなく、企業に実行できることもある。その筆頭にくるのが労働生産性の上昇の範囲で賃金の上昇を認めることである。近年のように、二%の労働生産性の上昇があるのに賃金は毎年一%下げているようでは、労働者はモラールを失うし消費を増やす気にもならないだろう。ただ、多くの企業が賃金を下げてでも雇用をできるだけ維持しようとしていることはけなげである。

ところで、企業を助けるべきところもある。日本の法人税の実効税率はいまや国際的に高くなってしまった。このトレンドには逆らえないので下げるべきだ。ドイツの実効税率は二〇〇九年に約三〇%に下がり、ドイツ企業はにわかに元気が出た。中国と韓国は約二五%である。

米国も二〇一三年には三四・四％となりそうである。日本も二〇一二年度から国税としての法人税の税率を二五・五％に下げ、実効税率を三五・六四％へ下げた（四〇・六九％だった）ことは評価できるが、大震災からの復興のための臨時増税で三年間は約二・四％の付加税をとることとなり、二〇一二～一四年度の実効税率は三八・〇一％である。これを早く三五％とし、いずれは三〇％とすべきだ。税率を下げても経済が活性化すれば税収はかえって増えるだろう。

日本の企業を助けるべきところはまだある。日本ではインフラの利用コストが高すぎ、これが企業がコストを下げられない一因となっている。電力や電話の料金、鉄道や高速道路の料金、オフィスの賃貸料などは、国際的に見て高すぎるのである。政府はこれらのインフラコストを下げる努力を行ってこなかったが、もっと自由な参入を認めるとか内部補助（黒字事業から赤字事業への補助）をやめるとかファミリー企業の慣行にメスを入れるとかすれば、料金の引き下げの余地はまだある。とくに電力の自由化は重要である。日本の電力は国際的に見て高すぎる。自然エネルギー発電（小規模でもかまわない）の会社を自由に参入させ、発電と送電を分離し、送電網は公的に管理して誰でも使えるようにすれば、電力料金は二割ぐらいはすぐ下がるだろう。新幹線の料金なども値下げの余地は大きい。高速道路も同様である。

もっとも、家計消費という内需をメインエンジンとするとしても、日本人のモノの消費をこれ以上増やしていくことはむずかしい。すでにモノ消費への欲求はうすれている。増やす余地があるのはサービスの消費である。レジャー、旅行、外食、保健、医療などである。サービスの提供においても若干のハードウェアは必要であるが、やはりサービスそのものの質と量を増やすための仕組みが必要であろう。

日本の対中国貿易と中国ビジネスの現状

ここで、日本の対中国貿易と中国内ビジネスについてのデータを見ておこう。日中の経済関係はますます密接になっていることがわかる。とくに、日本にとって中国は最大の輸出相手国であり、また輸出と同じぐらいの額を中国におく現地法人をつうじて現地販売していることに注目すべきだ。

ふつうは、日本の対中国輸出だけを見たり、それを日本の対中国輸入と比べて貿易収支を見たりする。しかし、経営学者の大前研一氏が指摘したように、現地法人をつうじる現地販売も広い意味では輸出であり、それを加える必要がある。

どうしても内需の伸びが見込めない産業なら、輸出を伸ばして生き残るしかないだろう。円高や韓国企業との競合によって輸出もダメとなれば、直接投資・現地法人をつうじる販売を伸ばすしかない。サービス業、小売業、建設業などはそもそも輸出が不可能であるから、現地法人によるしかないということもある。

二〇一一年三月には大震災があり、二〇一一年度には供給力が低下して日本の輸出は減ったので、二〇一〇年度のデータを見た方がいい。貿易（通関）統計によると、日本の対世界輸出は六七・八兆円、そのうちの対中国輸出は一三・四兆円であった。対中国は全体の二〇%を占め、ほかのどの国よりも大きい。中国はきわめて重要だ。中国の貿易統計で見ても、輸入相手国として日本が首位であり、日本からの輸入品はきわめて重要だ。日本国内では物財生産からサービス生産へのシフトが進んでいるが、中国ではまだ物財への欲求が強いので日本の物財産業が対中国輸出をさらに伸ばす余地がある。これまで、日本は対中国輸出を年に二〇%ぐらいは伸ばしてきており、そのメリットは大きい。

日本の対中国輸出は、約半分が加工品、部品のような中間財であり、残りの半分が素材と資本財、消費財のような最終製品である。中間財は中国企業にも日系現地法人にも輸出され、最終製品となって中国の中で販売される。

日本が中国の企業や個人に販売している金額を求めるためには、輸出額から日系現地法人へ輸出される中間財の額を差し引き、それに日系現地法人の中国内現地販売を足し合わせる必要がある。日系現地法人へ輸出される中間財は現地販売される最終製品の額に含まれるので、これを差し引かなければ二重計上となってしまうからである。

日系現地法人への中間財の輸出額（日本から）は、経済産業省の「我が国企業の海外事業活動（二〇一〇年度実績）」という調査を見ればわかる。それは七・三兆円である。日系現地法人の中国内現地販売の額もわかる。それは一九・九兆円である。こうして、日本企業の対中国販売額は

輸出総額マイナス日系現地法人への輸出額	六・一兆円
日系現地法人の中国内現地販売	一九・九兆円
合　計	二六・〇兆円

となる。この合計額は修正前の輸出額一三・四兆円よりもはるかに大きく、日本にとって対中国ビジネスがこの上なく重要であることがわかる。

となると、中国の対日本販売額がいくらあるかも知りたくなる。二〇一〇年度、中国の対日本輸出額は一三・八兆円であった（これは日本の貿易（通関）統計の輸入データであり、輸入額は関税、輸送費、保険料を含んでいることに注意したい）。中国からの輸入額は輸入全体の中で二二％を占める。つまり、日本の貿易統計では、日本は対中国で〇・四兆円の入超である。しかし、中国企業の日本への販売を求めるためには、この輸出額から在中国の日系現地法人の輸出額を差し引く。中国企業が日本におく現地法人の数はわずかであり、それらが中国から買う中間財の額、日本国内の現地法人の額もわずかである。したがって、これらは無視できる。

無視できないのは、在中国の日系現地法人が中国内で調達する中間財の額と日本への輸出額である。前者は一四・三兆円で、広い意味で中国の対日本輸出（日本の対中国輸入）である。後者は四・二兆円で、中国の対日輸出額から差し引くべきものである。こうして、中国企業の

表17　日本企業の対中国の販売額と購入額（2010年度）

日本の輸出額マイナス日系現地法人への輸出額 6.1兆円	日系現地法人の中国内現地販売額 19.9兆円	販売額計（対中国） 26.0兆円
日本の輸入額マイナス日系現地法人の対日輸出額 9.6兆円	日系現地法人の現地調達額 14.3兆円	購入額計（対中国） 23.9兆円
		収支 2.1兆円

対日本販売額は次のようになる。

輸入総額マイナス日系現地法人からの輸入額　九・六兆円
在中国の日系現地法人の現地調達額　一四・三兆円
合　計　二三・九兆円

以上をまとめたものが表17である。販売・購入ベースで収支を計算すると二・一兆円の黒字であり、中国はドル箱と言っていい（この額は二〇〇九年度にはもっと大きかった）。

日本の製造業企業はどう対応すべきか

第5章で述べたように、中国企業は弱みを抱えており、それをなかなか解決できていない。その弱みとは、中核部品を開発・製造する能力の不足、研究開発の能力と投資の不足、消費財一般についての製品の品質の低さである。近年、多くの研究者は中国企業の能力の向上を唱えているが、過大評価のきらいがある。乗用車でも家電製品でもいいし、日用品や食料品でもいい。中国で暮らしてこれらの品物をじっさいに使ってみれば、その品質の低さはすぐにわかる。それだけではない。それと関連するが、中国製品のブランド力はきわめて弱い。ほとんどの人は中国企業の名前さえ知らない。日本でも知られているのは海爾（ハイアール）ぐらいしかない。

もちろん、日本の製造業にも問題はある。とくに電気機械産業の問題は大きい。エルピーダメモリやルネサスエレクトロニクスの半導体事業、パナソニックやソニーのテレビ事業は競争力を失いつつあるので、事業の縮小を迫られている。

しかし、自動車産業はまだ強力であるし、日用品、加工食品など消費者に近い産業も強力である。私の知り合いの北京大学の教授も、「日本の産業力は依然として強い」と断言している。日本の製造業企業は中国ビジネスをどのように展開していくべきだろうか。以下のように、中核部品・素材、消費財、生産財に分けて考えてみよう。

（一）中核部品・素材

自動車のエンジンと自動変速機、小型モーター、コンデンサー、マイコン、炭素繊維などの中核部品あるいは電池材料、ダイオードなどの高機能素材における日本企業の競争力は、アジアに形成されつつある生産ネットワークの中で圧倒的である。これは、研究開発を積み上げ、絶え間なく改良改善を行ってきた成果であり、中国企業は簡単には追いつけない。価格がどんどん下がることもない。日本からの輸出を続けることは十分に可能だろう。

研究開発にはカネがかかり、生産にはスケールの利益があることを考えると、中核部品の生産は日本国内で行うべきものであろう。日本のインフラコストや賃金は高いが、国内に生産を集約すれば採算はとれるはずだ。中核部品は日本経済の「虎の子」のようなものである。

(二) 消費財

これは、自動車や家電のような耐久消費財と、日用品、化粧品、加工食品のような非耐久消費財を含む。また、消費財ではない大型機械のようなものもここに入る。建設機械、医療用器械などである。

この分野でも日本企業の競争力はおおむね高い。したがって輸出の余地は十分にある。ただ、さまざまな機能を盛りこみすぎて、日本の中だけでしか売れない高級品となってしまう傾向はある。ガラパゴス化は価格を上げすぎる結果となるので、抑制が必要であろう。

家電製品については、中国の消費者の多くは、いまは「基本機能はしっかりしているが、付加価値は簡素でよく、価格は安くしてほしい」と考えている。しかし、日本企業はこのボリュームゾーンでの競争を避けるべきである。

中国では、耐久消費財は、このような基本機能がしっかりした中ぐらいの価格帯のものがよく売れている。しかし、中級品は汎用品と言ってよく、消費者を真に満足させるものではない。いまでも高級品、高価格のものを好む富裕層がいないわけではないし、その数はかなりのスピードで増えるだろう。その中で、日本企業は高級品に特化し、消費のアップグレードを先導できるだろう。

電機メーカーに見られるように、日本のメーカーは中間財（加工品、部品）と最終製品の両方を輸出していることが多い。ものづくりの現地化は進めざるをえまいが、高付加価値の最終製品と中核部品の生産はできるだけ国内に残し、輸出を伸ばすことがスジであろう。

部品・素材についても消費財についても、十分に差別化された高付加価値品と大量生産の可能な普及品（汎用品）の区別がある。韓国と台湾の企業が近年供給力を高めているのは後者の普及品であり、日本企業がこの分野で彼らと競争することは意味がなくなりつつある。日本企業の強みがきわ立っているのはやはり前者、差別化された高付加価値品であり、この強みにさらにみがきをかけることが競争戦略論の説く基本動作である。

（三）生産財

これは建設機械、発電機、鉄道車両、環境制御機器など、広い意味での機械であり、インフラ関連のものが多い。これらの財は消費財のようには目立たないが、近年のように各国がインフラづくりを盛んに行うようになると、日本の競争力の高さがきわ立つようになった。太陽電池のように、つい五〜六年前までは世界一の生産量を達成していたが近年急に勢いをなくしたものもあるが、これは自然エネルギー発電への国の政策が定まらないことが原因である。日本がもたつくあいだに、中国の「サンテックパワー」は世界一の太陽光発電システムのメーカーになっている。インフラ関連の生産財は国の支援策次第で急速に伸びていく余地をもっている。

以上のように、日本の製造業の競争力はまだきわめて強いのであるが、ただひとつ弱みがあるとすれば、それは日本の経営者のほとんどが「事業をやる人」ではあっても「事業をつくる人」ではないことであろう。日本には、「マイクロソフト」のビル・ゲイツや「アップル」のスティーブ・ジョブズのような人が出てくる気配がない。中国との関係ではそれでもかまわないが、世界の中で競争していくためにはさびしいことである。

大きな可能性をもつサービス業

ここでは、サービス業を広くとらえて小売り業や飲食業を含めて考える。

サービス業は内需型産業と考えられてきたので、日本のサービス業企業はこれまで本格的な対中国ビジネスを展開してこなかった。しかし、消費者に近いところで活動する日本企業は、製造業だけでなくサービス業においても相当な競争力をもっている。折りしも、中国では家計消費を伸ばそうとしており、日本のサービス業に大きな事業機会がひらけてきたと言えよう。

サービス業は多くの業種を含んでおり、まとめて評価することはむずかしい。それを広くとらえれば、小売り業や飲食業も含まれる。しかし、その基本は対人サービスであり、豊富な品揃え、ていねいな接客であろう。こうした分野で、日本のサービス企業には定評がある。サービス業は現地に進出しなければ営むことができない。店舗、オフィス、現地の人材に投資することも必要である。

中国ではこれからサービス業が大きく発展するであろうし、日本のサービス業企業は高い競争力をもっている。そこで、一般論としては、中国でのサービス業投資には前向きでいいことになろう。ただし、サービス業は中国の企業、個人を相手にせねばならず、かなり面倒である。政府からのわずらわしい干渉もリスクである。それを考えると、漸進的な投資の拡大が望ましいことになろう。リスクを小さくするためには、中国企業との合弁を考えてもいい。合弁の相手は厳選すべきだが、コラボレーションの余地はある。

中国では一般にサービスのコンセプトがうすいので、日本のきめこまかいサービスは大きな可能性をもっている。すでにセブン・イレブンは至るところに進出しているが、ドラッグ・ストアなども有望である。ユニクロも大量出店を行いつつある（ユニクロの製品は中国では高級品であり、日本よりも高い価格で売られている）。回転ずし店のようなものも中国ではまだ物珍しく、大きな可能性をもっている。つまりは、サービス・ビジネスにおいても、中の上と高級なものを提供していくのが賢明である。日本ではふつうなサービスも、中国へもっていけば高級になってしまうのである。

以上をまとめると、絶対に崩してはいけないものがあり、それは製品、サービスの「日本らしさ」、「日本オリジン」である。日本企業が提供するものは、世界で日本人が想像する以上に高く評価されていると思う。

日本の戦略は三部構成でいけ

日本の対中国戦略は、日本らしさを生かす——強みを生かし弱みを補強する——ことが必要であることは言うまでもない。しかし、悲しいことに、そのような戦略はまだ存在しないのである。

そういう戦略の第一部は、日本自身の成長戦略たるべきであろう。二〇一〇年六月、政府は「新成長戦略」を決定し、多少のことは行われた。また、二〇一三年六月に安倍政権は新しい成長戦略を決めている。しかしまだきわめて不十分なものにとどまっている。農業や観光に力を入れる方針は間違っていないが、もっと本格的なものが欲しいし、いつまでに何を達成するかの工程表も欲しい。その中で、円レートの安定（異常な円高の防止）も重要である。日銀の新政策によって、二〇一三年に入って異常な円高が是正されたことは大きな改善であるが、日本は、主要通貨間の為替レートの安定化の仕組みを米国、ヨーロッパと協議すべきときだろう。これは、円安にして輸出を有利にしたいという身勝手な願望ではなく、為替レートを安定させることがどの国にとっても利益になるという考え方である。

新しい成長戦略は、インフラコストの高さを是正することにも取り組むべきである。日本の電力、オフィス賃貸、高速道路、高速鉄道、航空などの料金は国際的に見て明らかに高すぎる。これらがほかの国と同じレベルまで下がれば、日本企業全体の競争力が高まるだろう。そのためにはいっそうの競争の促進が必要である。とくに、発電事業への自由参入は重要であろう。

マクロ的には、何をやるべきかはもうわかっている。円ドル相場の安定、インフラコストの引き下げ、財政再建、社会保障のスリム化、高度人材の育成などである。一考を要するのは産業政策であろう。いつまでも自動車と電気機械・電子部品に頼っているわけにはいかないので、それらに上乗せする形でもうひとつかふたつ、成長力のある産業をつくり出すべきであろう。それは、医薬品、医療用機器、新エネルギーなどから出てくるだろう。

戦略の第二部は「内なるグローバル化」とすべきであろう。日本は事業活動の場として魅力をもたなくなってきており、外国企業が来てくれない。あるいは日本から撤退する動きがある。日本で文化、学問を研究しようとする外国人も増えていない。この点は日本という国の弱みとして耳にタコができるほど聞かされてきたが、いまだに実現していないのは日本人が本気になっていないからだろう。

日本に投資しても儲からない、日本で働いても大した賃金はもらえないし昇進は遅いとなっているので、外国の企業も高度人材もなかなか日本に来てくれない。なんとなく内向きで排他的なのは日本の宿命なのだろうか。そうではないだろう。日本の経済や文化に興味のある外国人、日本体験をキャリアの一部にしたい外国人はたくさんいる。中国の若者などは、日本の大学に留学することを熱望している。彼らが日本で働いたり暮らしたりするための環境を改善するためにできることは多いはずである。たとえば、日本企業には外国人従業員をもっと増やす余地がある。

しかし、「内なるグローバル化」にはリスクもある。外国から日本への投資がもっと増えることは一般的には望ましいのであるが、技術力のある日本の中小企業が外国によって次々と買収されるような事態まで望ましいと言えるだろうか。そうは言えないだろう。対日投資については審査の制度を整え、日本の基礎技術の流出を防ぐべきであろう。また、日本企業の資産であるコア技術者の外国企業による引き抜きを防ぐ対策（処遇の改善など）も必要である。

戦略の第三部は、「外へのグローバル化」である。この面でのグローバル化は、非経済分野を含めて、すでにかなり進んでいるが、もっと進んでもおかしくない。その場合、相手は中国だけではない。アジアの他の国々にも多くの機会がある。日本からの投資を待望している国は多いので、あわてる必要はない。国としてのリスクの大きさを考えると、中国ビジネスだけにのめりこむことは避けるべきであろう。中国にはすでに三万社の日本企業が進出しており、大きな存在感をもっている。

国内ビジネスと比べると、海外でのビジネスの展開には多くのリスクがともなう。日本企業はそのリスクの評価を十分に行っているとは思うが、つねに見直しを行う必要があろう。その一方で、海外ビジネスのための人材の育成にはもっと投資を行うべきであろう。近年、人材不足が目立ってきたように思うからである。中国においては、詳細な知識をもち、マネジメント能力があり、かつ英語と中国語を使いこなせるような人材が必要である。

中国ビジネスにおいては、とくに知的所有権の保護、中核技術の保守に用心することが重要である。中国企業一般に、自前で技術を研究開発せず、外国企業の技術を盗用するという傾向が見られることは否定できない。多くの中国企業は目先の短期的利益をとろうとする傾向が強いこと、契約遵守の精神がうすいことは警戒せねばならないであろう。

日本と中国は政治的には対立することが多いが、経済的には利益を分けあうことのできる関係である。それは本当の友好関係ではないが、止むを得ないだろう。現在中国は、異常なまでに軍備を増強しており、周囲の国々に対しては威嚇的である。おそらくこれは、国内の経済的・社会的不安定性の増大と連動しているのであろう。このような中国の現状が続くかぎり、日本の対中国ビジネスの拡大にはおのずから限界がある。中国ビジネスに魅力があることは否定できないが、広く世界を見渡し、中国以外の地域のビジネス機会をつかむ必要があるだろう。中国で稼ぎ続けることは重要であるが、中国経済の減速のリスクに備えることは当然の動作だろう。

中華思想にどう対応すべきか

ここで本書は締めくくりとなる。それにふさわしい論点は中国にまだ根強く残る中華思想にどう対応するかという論点である。

これは、正確にはどんな思想なのか。

アジア史の泰斗である（故）宮崎市定教授（京都学派）は、『アジア史概説』（中公文庫）の中で次のように述べ、その本質をえぐり出している。

（中国の古代）戦国時代、各国の君主はいずれも王をとなえたが、この王は何人にも隷属しないとともに、また他の王をも隷属させることはなく、諸国の王はたがいに他国の王を対等の地位あるものと認めた。ところが、秦の始皇帝は諸国の王を滅ぼしてその地を郡県とし、国内において対等者の存在を認めないばかりでなく、宇宙間のいかなる場所においても認めない。皇帝は宇宙に唯一人存在するもので、それは中国人民の主権者であるだけでなく、同時に世界人類の支配者でなければならなかった。

このような皇帝政治の理想は、実際にはその実現がすこぶる困難であったが、たんなる理想としては清朝末年まで存続した。この空想的理念が中国人心を支配したことは、中国人に理想と現実とを混同する習慣を与え、実際のいかんを問わず、理念上中国が世界の中心にあり、その中国皇帝が四海を統治しつつあるという形式だけでも維持しようと努めさせるようになり、中国社会をいちじるしく鎖国的排外的にする結果を招いた。

このように、中国が世界の中心であるということがフィクションであるにもかかわらず、中華思想はそのフィクションと現実を混同し、各国との対等な関係をつくれずにきたわけである。これでは中国との真の友好関係はつくれない。

もちろん、現在の中国人がどこまでこの思想を信奉しているかはわからない。彼らは、内心では中国に数多くの問題ありと感じているはずである。しかし、この思想が残っているがゆえに、素直に問題を認めようとしないところがある。外国から問題を指摘されると、激しく反撥することが多い。

これはデリケートでむずかしい状況である。日本としては、「そんな思想は時代遅れである。世界と中国の現実を正しく認識しようではないか」と言うしかないだろう。ただ、それを辛抱強く、おだやかに言う必要がある。日本と中国とのあいだの真の和解は半永久的に実現しないかもしれないが、それでも日本はこの目標を掲げないわけにはいかない。目標に向かう道のりは長いが、その途上で日本側により多くの忍耐が要求されるだろう。

参考文献

石山嘉英「『国進民退』の中国経済　不安定性は高まりつつある」、『週刊エコノミスト』、二〇一一年一月八日号。

石山嘉英「投機目的の空き家が急増　中国・不動産バブル崩壊が始まった」、『週刊エコノミスト』、二〇一一年一二月二七日号。

川島　真『近代国家への模索』（岩波新書、シリーズ中国近現代史）、岩波書店、二〇一〇年。

関　志雄『中国経済のジレンマ』（ちくま新書）、筑摩書房、二〇〇五年。

北村　稔『「南京事件」の探求』（文春新書）、文藝春秋、二〇〇一年。

国分良成（編）『中国は、いま』（岩波新書）、岩波書店、二〇一一年。

清水美和『「中国問題」の内幕』（ちくま新書）、筑摩書房、二〇〇八年。

清水美和『「中国問題」の核心』（ちくま新書）、筑摩書房、二〇〇九年。

丸川知雄『現代中国の産業』（中公新書）、中央公論新社、二〇〇七年。

津上俊哉『岐路に立つ中国』、日本経済新聞出版社、二〇一一年。

津上俊哉『中国台頭の終焉』、日本経済新聞出版社、二〇一三年。

寺田隆信『物語中国の歴史』（中公新書）、中央公論新社、一九九七年。

平野　聡『大清帝国と中華の混迷』、講談社、二〇〇七年。

船橋洋一『新世界　国々の興亡』（朝日新書）、朝日新聞出版、二〇一〇年。

吉岡桂子『愛国経済　中国の全球化』、朝日新聞出版、二〇〇八年。

国家発展改革委員会経済研究所『中国経済：〝十二五〟戦略思路与政策選択』経済科学出版社、二〇〇九年。
国務院発展研究中心『転変経済発展方式的戦略重点』、中国発展出版社、二〇一〇年。
張玉台（編）『迈向全面小康：新的10年』、中国発展出版社、二〇一〇年。
東方導『超級泡沫　中国房地産金融解密』、中国経済出版社、二〇一一年。
林　毅夫『北京大学中国経済講義』、東洋経済新報社、二〇一二年。
L. Brandt and T. G. Rawski (eds.), *China's Great Economic Transformation*, Cambridge University Press, 2008.

【著者紹介】

石山嘉英（いしやま・よしひで）

1944年生まれ。慶應義塾大学卒業。大蔵省、青山学院大学、日本IBM等を経て、現在、千葉商科大学政策情報学部教授。スタンフォード大学経済学博士。

著書：『変動為替レートと日本経済』（東洋経済新報社）、『国際通貨の知識』（日経文庫）、『現代アメリカ経済の見方』（ちくま新書）、『通貨金融危機と国際マクロ経済学』（日本評論社）、『米国巨大企業のビジネスモデル革新』（中央経済社）ほか。

中国リスクと日本経済

2013年11月11日　第1刷発行　定価（本体1800円＋税）

著者　石　山　嘉　英
発行者　栗　原　哲　也

発行所　株式会社　日本経済評論社
〒101-0051　東京都千代田区神田神保町3-2
電話 03-3230-1661　FAX 03-3265-2993
info8188@nikkeihyo.co.jp
URL: http://www.nikkeihyo.co.jp

装幀＊渡辺美知子　印刷＊文昇堂・製本＊根本製本

乱丁落丁はお取替えいたします。　Printed in Japan

ISBN978-4-8188-2293-1